나도 마법을 부려볼까?

코드위즈
생활 코딩에
발명 더하기

발명 아이디어편

김 소윤 지음

사이사이충전소
PUBLISHING NETWORK

코드위즈 생활 코딩에 발명 더하기 발명 아이디어편

초판발행 2022년 4월 8일
지은이 김 소윤 (혜화초등학교 창의융합, 코딩 교과전담 교사)
펴낸이 김 기만
펴낸곳 상상충전소
주소 서울특별시 금천구 가산디지털2로 53, 305호
전화 1670-8767
팩스 02-6003-0099
ISBN 979-11-974287-1-5

총괄 김 기범
진행 김 륜옥
기획 김 수연, 강 유진
디자인 장 문경
인쇄 유그래픽스

홈페이지 www.codable.co.kr
이메일 kgb612@codable.co.kr

상상충전소는 (주)코더블의 출판 전문 브랜드입니다.

머리말

'세상을 변화시키는 방법은 코딩밖에 없다'라는 말이 나올 정도로 한동안 사교육은 물론 공교육에서도 코딩 배우기가 열풍이었고 최근 초·중등 교육과정에 인공지능(AI) 교육에 대한 중요성이 강조되면서 그에 따른 콘텐츠 개발이 확산되고 있다.

그러나 정작 많은 학생들은 코딩을 왜 배워야 하는지 모르고 있다. 단지 컴퓨터 화면에 게임처럼 무언가가 흥미 있게 실행되기 때문에 재미있고, 그 과정에는 쉽게 접근할 수 있는 엔트리나 스크래치 등과 같은 블록 코딩 도구가 필요함을 알고 있는 정도이거나, 블록 코딩 프로그래밍을 어느 정도 마스터하고 난 후 파이썬 이나 c언어 등의 텍스트 코딩으로 넘어가는 과정을 단지 코딩 학습의 목표라고 생각하기도 한다.

코딩이나 프로그래밍을 어느 정도 배운 학생들이 코딩 대회나 프로그래밍 산출물 공모전 등에서 작품의 주제나 아이디어의 방향조차 정하지 못하는 웃지 못할 상황과 마주하다 보면 학생들이 코딩을 배우는 동안 배운 내용을 구체적으로 어디에 활용할 것인가를 고민하거나, 문제 해결을 위한 진지한 고민 없이 그때그때 필요한 것만 코딩해왔다는 현실에 직면하게 된다.

이는 마치 유행하는 신조어 열풍처럼 코딩 교육을 프로그래밍 언어 습득 자체로 인식하고 많은 양의 단순 지식을 머릿속에 넣는 주입식 교육을 진행했기 때문이 아닐까?

무엇이 문제인지 알지 못하는 것은 코딩에 별 도움이 되지 못한다.
프로그래밍 자체는 문제 해결에 필요한 도구로 활용될 때 가치를 가지기 때문이다.

사람은 살아가면서 수많은 문제들과 부딪히게 되고,
이러한 문제를 해결하는 것은 어떤 지식으로부터 배우는 것이 아니라
다양한 시각과 사고를 통해 문제를 새롭게 인식하고 해결하는 과정이다.
그런 문제들을 해결하는 과정에 있어서 코딩이 중요한 역할을 하는 것이다.

이 책은 사고하는 과정에서 발명 원리인 트리즈를 연결하여 문제를 인식하고 해결하는 방법을 찾으며, 피지컬 컴퓨팅 도구인 '코드위즈'로 그 과정을 담아 문제 해결을 위한 메이킹과 더불어 코딩의 가치를 높이는데 목표를 두었다.

특히, 실생활과 관련된 문제를 메이킹 과정을 통해 쉽게 코딩과 접목하여 확장해 볼 수 있도록 구성되어 있으며, 아이디어를 얻는 방법부터 해결하는 과정에서 융합적인 사고를 통해 가치를 얻고자 하는 학생들에게 유용한 지침서가 될 것이다.

마지막으로 < 생활 코딩에 발명 더하기 > 책을 집필하는데 많은 격려와 도움을 주신 코더블의 김기만 대표님, 집필 기간 동안 여러 고민을 함께해 주신 김륜옥 이사님과 개발자님들, 그리고 가족들에게 진심으로 감사의 마음을 전한다.

초등학교에서 코딩 교육을 위해 매진하고 있는
(현) 혜화초등학교 창의융합, 코딩 교과전담 교사 김소윤

목 차

1 코드위즈와 코딩스쿨 살펴보기   10

01 코드위즈 센서 살펴보기   11
02 코딩스쿨 프로그램 다운로드하기   12
03 코딩스쿨 프로그램 설치하기   13
04 코드위즈 연결하고 펌웨어 업로드하기   15
05 간단한 예제 실행해보기   16
06 코딩스쿨 화면 구성 살펴보기   17

2 크리스마스 트리 모스부호기 만들기   18

💡 TRIZ : 모스부호와 TRIZ   19
01 코딩스쿨 실행하고 코드위즈 연결하기   20
02 네오 RGB LED 초기화하기   21
03 버튼의 누름 여부 판단하기   22
04 네오 RGB LED 켜고 끄기   23
05 코드위즈 보드에 업로드하기   24
💡 생각 확장하기   25

3 OLED 주차번호판 만들기   26

💡 TRIZ : 발명의 원리 '주기적 작용'   27
01 OLED, 네오 RGB LED 초기화하기   28
02 버튼의 누름 여부 판단하고 네오 RGB LED 켜기   29
03 OLED에 도형 출력하기   30
04 OLED에 휴대폰 번호 출력하기   32
05 오른쪽 버튼으로 누른 때까지 이동시키기   33
06 글자 이동 멈추고 초기화하기   34
💡 생각 확장하기   35

4 OLED 생일 멜로디 박스 만들기 36

- 💡 TRIZ : 발명의 원리 '통합' 37
- 01 스피커, 네오 RGB LED, OLED 초기화하기 38
- 02 빛 센서 조건 지정하고 네오 RGB LED 켜기 39
- 03 OLED에 생일 메시지 출력하기 40
- 04 스피커로 생일 멜로디 출력하기 41
- 05 마이크 센서로 네오 RGB LED 끄기 44
- 06 5번 네오 RGB LED 끄고 스크롤 정지하기 45
- 07 박스 만들어 멜로디 박스 구현하기(메이킹) 46
- 💡 생각 확장하기 47

5 스마트 자세 측정기 만들기 48

- 💡 TRIZ : 발명의 원리 '사전 예방' 49
- 01 센서 초기화하고 변수 선언하기 50
- 02 변수 초기화 및 타이머 초기화하기 51
- 03 10초 동안 자세 상태 판단하기 52
- 04 바른 자세 판단하고 프로그램 종료하기 54
- 💡 생각 확장하기 55

6 키 측정기 만들기 56

- 💡 TRIZ : 발명의 원리 '기계시스템 대체' 57
- 01 센서 초기화하고 변수 선언하기 58
- 02 왼쪽 버튼을 눌러 측정 시작 준비하기 60
- 03 거리 측정하여 변수에 저장하고 표시하기 61
- 04 사각기둥 만들어 키 측정기 완성하기(메이킹) 64
- 💡 생각 확장하기 65

7 층간 소음 매니저 만들기   66

- TRIZ : 발명의 원리 '매개체'   67
- 01 센서 초기화하기   68
- 02 소음 값을 저장할 변수 선언하여 값 지정하기   69
- 03 소음 값 변화에 따른 조건문 만들기   70
- 04 OLED에 '소음 값 나쁨 이모티콘' 나타내기   71
- 05 네오 RGB LED 깜빡거리게 만들기   73
- 06 OLED에 '하트' 모양 나타내기   74
- 생각 확장하기   75

8 양치 타이머 만들기   76

- TRIZ : 발명의 원리 '높이 맞추기'   77
- 01 센서 초기화하기   78
- 02 시간 변수 초기화하고 시작 문구 출력하기   79
- 03 Progress Bar(진행 막대) 출력하기   80
- 04 시간 종료 후 종료 알림음 재생하고 끄기   82
- 생각 확장하기   83

9 멀티 프로필 만들기   84

- TRIZ : 발명의 원리 '차원 변경'   85
- 01 블루투스 앱 설치하기   86
- 02 센서 초기화하기   87
- 03 블루투스 연결 및 수신 값 저장하기   88
- 04 수신 값에 따라 다른 프로필 출력하기   89
- 05 스마트폰과 블루투스 연결하여 결과 확인하기   93
- 생각 확장하기   95

10 팝콘 브레인 룰렛 만들기 96

💡 TRIZ : 발명의 원리 '구형화' 97
01 센서 및 변수 초기화하기 98
02 왼쪽 버튼을 눌러 OLED에 'X' 출력하기 99
03 오른쪽 버튼을 눌러 OLED에 'O' 출력하기 101
04 맞는 횟수가 5번 이상일 때 결과 출력하기 103
05 아니다 횟수가 5번 이상일 때 결과 출력하기 105
06 룰렛판 만들어 룰렛 완성하기(메이킹) 106
💡 생각 확장하기 107

11 나만의 드림캐쳐 만들기 108

💡 TRIZ : 발명의 원리 '대칭변환', '비대칭' 109
01 센서 초기화하기 110
02 어두워지면 메시지 출력하기 111
03 밝아질 때까지 네오 RGB LED 켜기 112
04 밝아지면 네오 RGB LED 끄고 메시지 지우기 113
05 재활용품을 사용하여 드림캐쳐 꾸미기(메이킹) 114
💡 생각 확장하기 115

12 폐활량 측정기 만들기 116

💡 TRIZ : 발명의 원리 '활성화' 117
01 센서 및 [풍선] 스프라이트 초기화하기 118
02 시작 메시지 출력하고 측정시작신호 보내기 119
03 마이크 센서 값에 따라 풍선의 크기 조절하기 121
04 풍선 크기가 200보다 크면 풍선 터트리기 123
05 네오 RGB LED 켜고 "삐익" 재생하기 125
06 빨대 피리로 폐활량 측정하기(메이킹) 126
💡 생각 확장하기 127

13 감정인식 AI 거울 만들기　128

TRIZ : 발명의 원리 '피드백'　129
01　얼굴 감정을 이미지로 학습시키기　130
02　[음성변환] 기능 추가 및 센서 초기화　133
03　AI 거울 동작 설정하기　134
04　학습된 결과에 따라 메시지 표시하기　135
05　이미지 학습 결과 테스트하기　138
생각 확장하기　139

14 말하는 스마트 냉장고 만들기　140

TRIZ : 발명의 원리 '선행조치'　141
01　음식 이미지로 이미지 학습하기　142
02　리스트 선언하기　145
03　터치하여 사야 할 목록 추가하기　146
04　터치하여 리스트 항목 삭제하기　147
05　식품이 카메라에 인식되면 냉장고에 넣기　148
생각 확장하기　151

15 기침소리 판별기 만들기　152

TRIZ : 발명의 원리 '전화위복'　153
01　티처블 머신 실행하기　154
02　클래스 추가하고 이름 변경하기　155
03　배경소음 녹음하기　156
04　기침 소리 및 나머지 소리 녹음하기　157
05　모델 학습시키기　159
06　학습 모델 가져오기　161
07　센서 초기화하고 소리 인식시키기　162
생각 확장하기　163

16 인공지능 신호등 만들기   164

💡 TRIZ : 발명의 원리 '셀프 서비스'   165
01 사물감지 켜고 신호등 상태 바꾸기   166
02 인식된 사물에 따라 신호등 변경하기   167
03 Mesh 블록 가져오고 센서 초기화하기   168
04 Mesh 네트워크 생성하고 연결 기다리기   169
05 인식된 결과에 따라 메시지 전송하기   170
06 신호등 코드위즈 초기화 및 네트워크 생성하기   171
07 메시지에 따라 신호등 코드위즈 제어하기   172
08 코드 업로드하고 인공지능 신호등 실행하기   174
💡 생각 확장하기   175

부록

01 AI 거울/스마트 냉장고   178
02 생일 멜로디 박스   179
03 키 측정기   181
04 팝콘 브레인 룰렛/드림캐쳐   183

코드위즈와 코딩스쿨 살펴보기

1

코드위즈는 주변의 밝기나 거리 측정뿐만 아니라 블루투스, 와이파이까지 지원하는 보드입니다. 코딩스쿨이라는 블록 프로그램을 이용하면 코드위즈의 다양한 센서를 쉽고 간단히 제어할 수 있습니다.

무얼 배울까요?

- 코드위즈 보드의 다양한 센서를 살펴보고 이해할 수 있어요.

- 코딩스쿨 프로그램을 설치할 수 있어요.

- [예제] 메뉴의 기본 예제를 불러와 간단히 코드를 실행할 수 있어요.

▲ 코드위즈 베이직 킷트

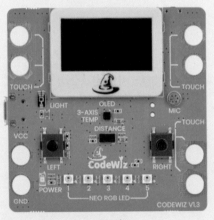
▲ 코드위즈

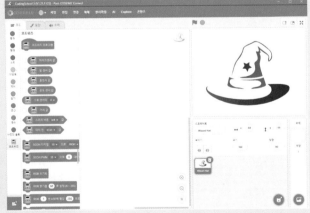
▲ 코딩스쿨 프로그램

01 코드위즈 센서 살펴보기

코드위즈는 버튼, 터치 센서, 네오 RGB LED, 빛 센서, 마이크 센서, 거리 센서, 3축 센서, 거리 센서, OLED, 스피커 뿐만 아니라 통신을 위해 블루투스와 와이파이를 지원하는 피지컬 컴퓨팅 교구입니다.

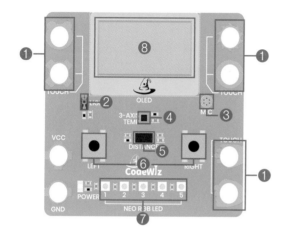

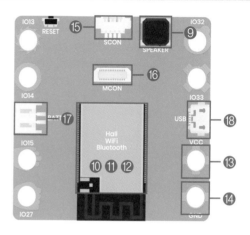

❶ 터치 센서 : 센서의 터치 유무를 감지합니다. 센서를 터치한 경우 TRUE(1), 터치하지 않은 경우 FALSE(0) 값을 반환합니다. 터치 센서를 디지털 출력 센서로도 사용 가능합니다.(LED 등 아두이노 출력 센서 지원)

❷ 빛 센서 : 센서 주변의 빛 밝기를 0~1023까지의 값으로 알려줍니다. 밝을수록 값이 커집니다.

❸ 마이크 센서 : 센서 주변의 소리 크기를 0~1023 사이의 값으로 표현합니다. 마이크 센서 주변이 시끄러울수록 값이 커집니다.

❹ 3축 센서 : X축, Y축, Z축의 기울기를 측정하여 -90~90 사이의 값으로 표현합니다.

❺ 거리 센서 : 물체와의 거리를 측정하여 mm 단위로 알려줍니다. 최대 2M까지 거리 측정이 가능합니다.

❻ 버튼 센서 : 버튼이 눌렸는지를 감지합니다. 버튼이 눌리면 TRUE(1), 눌리지 않으면 FALSE(0) 값을 반환합니다.

❼ 네오 RGB LED : RGB 값을 이용하여 다양한 색상을 출력할 수 있는 LED입니다.

❽ OLED : 영문과 한글, 숫자 및 사각형, 원, 삼각형과 같은 도형 그리고 이미지 등을 출력합니다.

❾ 스피커 : 옥타브와 음표의 길이가 다른 여러 가지 음을 출력합니다.

❿ 홀 센서 : 자기장을 감지하는 센서로 자석이나 전자석이 센서에 가까워지면 자기장을 감지합니다.

⓫ 블루투스 : 가까운 거리의 무선 통신인 블루투스 통신 기능을 제공합니다.

⓬ 와이파이 : 와이파이(WiFi) 통신 기능을 제공합니다.

⓭ 3V : 외부 센서 연결 시 활용되는 전원을 제공합니다.

⓮ GND : 외부 센서 연결 시 활용되는 GROUND(그라운드)입니다.

⓯ SCON : 4핀 커넥터로 3핀 또는 4핀으로 구성된 외부 센서를 연결합니다.

⓰ MCON : 키트 확장용인 익스텐션 커넥터로 익스텐션 보드인 Wiz 보드를 연결하면 외부 센서를 동시에 여러 개 연결할 수 있습니다.

⓱ 배터리 커넥터 : 배터리 홀더를 연결합니다.

⓲ USB 케이블 연결 커넥터 : 컴퓨터와 코드위즈 보드를 연결합니다.

02 코딩스쿨 프로그램 다운로드하기

코딩스쿨은 스크래치 3.0 기반의 피지컬 컴퓨팅 교육용 프로그램입니다. 코딩스쿨 프로그램을 처음 설치할 때는 [코드위즈 처음 사용자 통합 설치 파일]을 다운로드하면 됩니다.

① 크롬 브라우저를 실행시킨 후 코더블 사이트에 접속합니다.(www.codable.co.kr) 상단의 [교육자료실]을 클릭합니다.

② [코더블 프로그램 다운로드 사용 동의서] 항목의 [사용권 계약 동의]의 체크박스를 클릭하여 선택합니다. [코드위즈 처음 사용자 통합 설치 파일]을 클릭합니다.

👑 더 알아보기
코딩스쿨 최신 버전은 다를 수 있습니다.

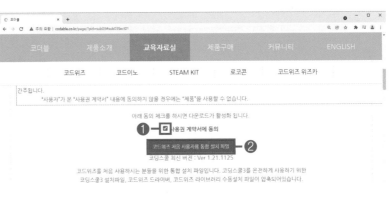

③ [다운로드] 버튼을 클릭하여 프로그램을 다운로드 합니다. 다운로드가 완료되면 ∨을 클릭한 후 [폴더 열기] 메뉴를 클릭합니다. 다운로드 한 파일을 마우스 오른쪽 버튼을 클릭한 후 [코드위즈 통합 설치파일 압축풀기] 를 클릭합니다. 압축이 해제된 파일을 확인합니다.

👑 더 알아보기
컴퓨터 시스템에 따라 압축 프로그램은 다를 수 있습니다.

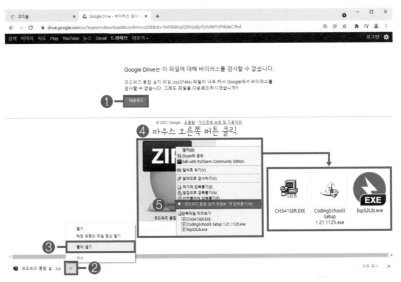

03 코딩스쿨 프로그램 설치하기

코딩스쿨 프로그램의 설치는 컴퓨터와 코드위즈를 USB 케이블로 연결한 상태에서 드라이버 설치, 라이브러리 설치, 코딩스쿨 프로그램 설치 순서대로 진행합니다.

① 드라이버 설치를 위해 USB 케이블을 이용하여 PC와 코드위즈 보드를 연결합니다.

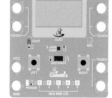

더 알아보기
코드위즈 보드를 처음 사용하는 경우라면 OLED에 [Upload the Firmware!] 가 표시됩니다.

② 코드위즈가 컴퓨터와 연결된 상태에서 [코드위즈 통합 설치 파일] 폴더의 (CH341SER.exe) 파일을 더블 클릭합니다.

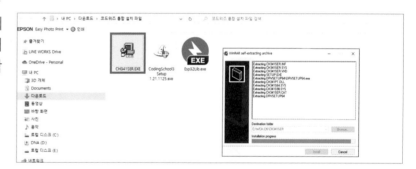

③ [INSTALL] 버튼을 클릭한 후 성공 메시지가 표시되면 [확인] 버튼을 클릭합니다. [X] 를 클릭하여 설치를 종료합니다.

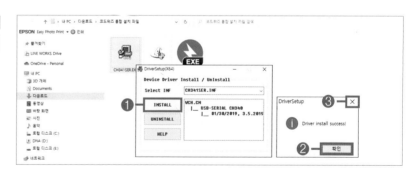

더 알아보기
코드위즈가 컴퓨터에 연결되어 있지 않다면 설치 시작 후 다음과 같은 실패 메시지가 표시됩니다. [X] 를 클릭한 후 코드위즈가 컴퓨터에 연결되었는지 확인한 후 다시 [INSTALL] 버튼을 눌러 설치합니다.

13

④ 라이브러리 설치를 위해 [코드위즈 통합 설치 파일] 폴더의 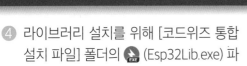 (Esp32Lib.exe) 파일을 더블 클릭합니다. [압축풀기] 버튼을 클릭합니다.

⑤ 압축이 해제된 후 검은창이 표시되면 검은창이 사라질 때까지 기다립니다.

더 알아보기

[코드위즈 처음 사용자 통합 설치 파일]을 설치한 적이 있다면 새로운 버전의 코딩스쿨을 설치할 때 코더블 사이트의 [교육자료실]에서 [코딩스쿨 3.0] 만 다운로드 해 설치하면 됩니다. 즉 드라이버와 라이브러리는 처음 한번만 설치합니다.

⑥ 코딩스쿨 프로그램을 설치하기 위해 [코드위즈 통합 설치 파일] 폴더의 (CodingSchool3 Setup.exe) 파일을 더블 클릭합니다. [설치] 버튼을 클릭한 후 잠시 기다립니다. [마침] 버튼을 누르면 프로그램 설치가 종료되고 코딩스쿨 프로그램이 실행됩니다.

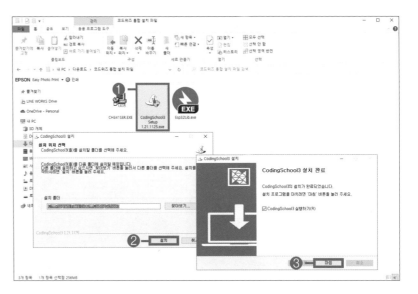

① 코딩스쿨이 실행되면 코딩스쿨 프로그램과 코드위즈를 연결하기 위해 [연결]-[코드위즈 연결] 메뉴를 클릭합니다.

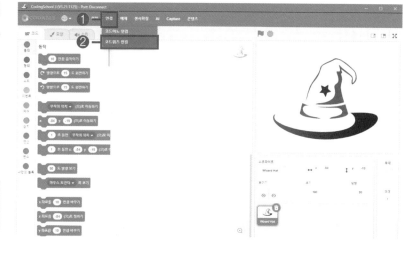

👑 **더 알아보기**

포트가 연결되어 있지 않아 제목표시줄에 "Port:Disconnect"가 표시됩니다.

② "삐" 소리와 함께 [포트 연결] 안내창이 표시되면 [OK] 버튼을 클릭합니다.

👑 **더 알아보기**

정상적으로 연결이 완료되었다면 제목표시줄에 "Port: CODEWIZ Connect"라 표시됩니다.

③ [코드위즈] 카테고리가 추가된 것을 확인할 수 있습니다. 펌웨어를 업로드하기 위해 [연결] 메뉴의 [펌웨어 업로드] 메뉴를 클릭합니다. 잠시 기다린 후 [OK] 버튼을 클릭합니다.

👑 **더 알아보기**

펌웨어는 코드위즈의 각종 센서를 제어하는 프로그램으로 새로운 버전의 코딩스쿨을 설치하였다면 반드시 해당 버전의 코딩스쿨을 사용하기 전 반드시 펌웨어를 업로드해야 합니다. 새로운 버전의 코딩스쿨을 설치했다면 처음 한번만 펌웨어를 업로드 합니다.

05 간단한 예제 실행해보기

① [예제] 메뉴를 클릭합니다. [코드위즈] 탭을 클릭한 후 [기본]을 선택합니다. [네오 RGB 엘이디]를 클릭합니다.

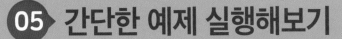

🪁 **더 알아보기**

코딩스쿨 프로그램에는 코드위즈의 기본 센서뿐만 아니라 확장되는 다양한 센서를 제어하는 명령 블록이 개발되어 적용되어 있습니다. 또한 각 명령 블록을 어떻게 코드에 적용하는지를 간단히 테스트할 수 있도록 [예제] 메뉴가 추가되어 있습니다.

② 코드위즈의 네오 RGB LED와 관련된 간단한 코드가 표시되면 실행 결과를 확인하기 위해 코드위즈 프로그램 블록을 클릭합니다.

③ 코드위즈 보드의 네오 RGB LED가 순서대로 켜지고 꺼지는 것을 확인할 수 있습니다.

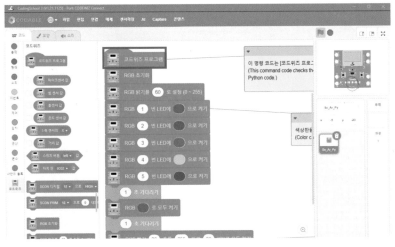

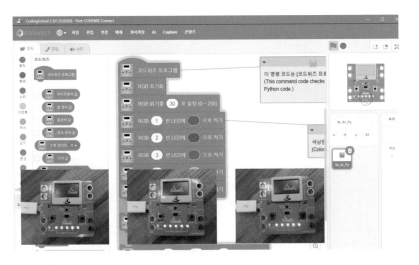

06 코딩스쿨 화면 구성 살펴보기

코딩스쿨 프로그램의 화면이 어떻게 구성되어 있는지 살펴봅니다. 코딩스쿨 프로그램을 실행하면 'Wizard Hat'이라는 마법사 모자 스프라이트가 무대에 기본적으로 표시됩니다.

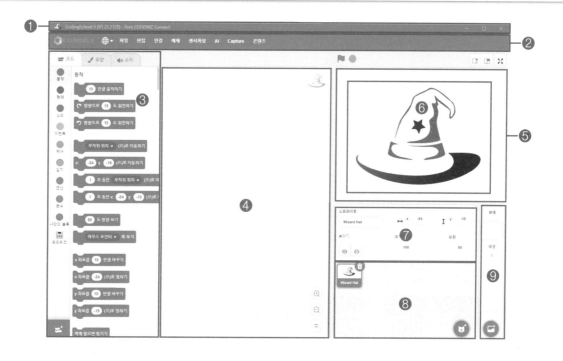

❶ 제목 표시줄 : 코딩스쿨 프로그램의 버전 및 포트 연결 상태를 표시합니다.

❷ 메뉴 표시줄 : 코더블 홈페이지 연결 및 언어 설정, 그리고 [파일], [편집], [연결], [예제], [센서확장], [AI], [Capture], [콘텐츠] 메뉴로 구성되어 있습니다.

❸ 블록 팔레트 : 코딩스쿨에서 코딩을 위해 활용되는 카테고리로 [코드] 탭과 [모양] 탭, [소리] 탭으로 구성됩니다. [코드] 탭을 클릭하면 코딩에 필요한 블록(스크립트)이 표시됩니다. [모양] 탭을 클릭하면 현재 무대에서 선택한 스프라이트의 모양을 수정/편집할 수 있고 [소리] 탭을 클릭하면 소리를 추가할 수 있습니다.

❹ 스크립트 영역(코딩 영역) : 실제 명령 블록을 활용하여 코드를 작성하는 영역입니다.

❺ 무대 : 프로그램의 실행 결과를 확인하는 영역입니다.

❻ 스프라이트 : 무대에 표시되는 개체로 'Wizard Hat'인 마법사 모자 스프라이트가 기본적으로 표시됩니다.

❼ 스프라이트 정보 창 : 선택한 스프라이트의 이름과 위치, 크기, 방향과 같은 스프라이트와 관련된 기본 정보를 표시합니다.

❽ 스프라이트 리스트 창 : 프로그램에 활용되는 모든 스프라이트를 표시합니다. 새로운 스프라이트를 삽입하거나 복제 또는 삭제가 가능합니다.

❾ 무대 정보 창 : 무대의 배경 설정 및 정보를 표시합니다.

크리스마스 트리 모스부호기 만들기

밝게 색을 출력해주는 네오 RGB LED를 이용하여 버튼을 누를 때마다 네오 RGB LED가 켜지는 간단한 모스부호기를 만들어 봅니다. 모스부호기를 활용하여 다양한 글자를 만들어 친구들끼리 암호 놀이를 할 수도 있어요.

무얼 배울까요?
- 조건문을 어떻게 구현하는지 이해할 수 있어요.
- 조건문을 사용하는 상황을 이해할 수 있어요.
- 조건에 따라 피지컬 컴퓨팅이 어떻게 동작하도록 할지 이해할 수 있어요.
- 버튼 센서와 네오 RGB LED를 제어하는 방법을 이해할 수 있어요.

▶ 완성파일 : 2장_크리스마스 모스부호기.sb3

먼저 실행해봤어요

네오 RGB LED가 버튼을 누를 때마다 빨간색으로 켜지는 것을 확인할 수 있어요. 모스부호기의 색을 빨간색이 아닌 다른 색으로 켜지도록 지정한 후 A4 용지로 크리스마스트리를 디자인해서 만들어보세요. 색이 깜박깜박하는 모스부호가 출력되는 재미있는 크리스마스트리를 만들 수 있어요.

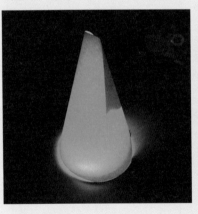
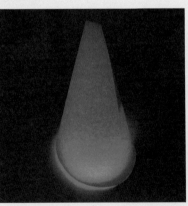

코딩 개념 순서도

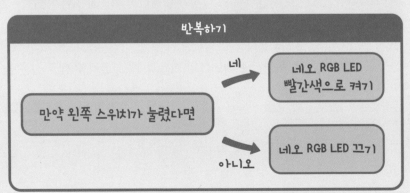

반복하기

네오픽셀 RGB LED 초기화 → 만약 왼쪽 스위치가 눌렸다면

네 → 네오 RGB LED 빨간색으로 켜기

아니오 → 네오 RGB LED 끄기

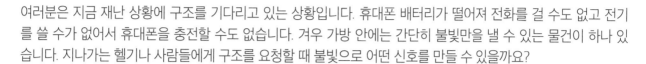

여러분은 지금 재난 상황에 구조를 기다리고 있는 상황입니다. 휴대폰 배터리가 떨어져 전화를 걸 수도 없고 전기를 쓸 수가 없어서 휴대폰을 충전할 수도 없습니다. 겨우 가방 안에는 간단히 불빛만을 낼 수 있는 물건이 하나 있습니다. 지나가는 헬기나 사람들에게 구조를 요청할 때 불빛으로 어떤 신호를 만들 수 있을까요?

모스신호에 대해 알아보아요.

모스에 의하여 발명된 전신부호이며 발신전류로 점, 선, 공간의 일정한 길이를 두어서 알파벳, 숫자, 기호를 소리나 불빛 등으로 신호를 전달할 수 있습니다.

A	.-	J	.---	S	...	1	.----
B	-...	K	-.-	T	-	2	..---
C	-.-.	L	.-..	U	..-	3	...--
D	-..	M	--	V	...-	4	....-
E	.	N	-.	W	.--	5	.....
F	..-.	O	---	X	-..-	6	-....
G	--.	P	.--.	Y	-.--	7	--...
H	....	Q	--.-	Z	--..	8	---..
I	..	R	.-.	0	-----	9	----.

▲ 로마자 모스 부호와 숫자 모스 부호

ㄱ	.-..	ㅊ	-.-.	ㅏ	.	ㅣ	..-
ㄴ	..-.	ㅋ	-..-	ㅑ	..	ㅐ	--.-
ㄷ	-...	ㅌ	--..	ㅓ	-	ㅔ	-..-
ㄹ	...-	ㅍ	---	ㅕ	...		
ㅁ	-	ㅎ	.---	ㅗ	.-		
ㅂ	.--			ㅛ	-.		
ㅅ	--.			ㅜ	....		
ㅇ	-.-			ㅠ	.-.		
ㅈ	.--.			ㅡ	-..		

▲ 한글 모스 부호

'트리즈(Triz)'에 대해 알아보아요.

'트리즈(Triz)'는 창의적 문제 해결을 위한 체계적 방법론으로 과학자 알츠슐러 박사가 특허 200만건을 분석하면서 천재들의 문제 해결방식을 정리한 발명 원리입니다.

① 컴퓨터에 코드위즈를 연결하고 바탕화면
에서 코딩스쿨 아이콘을 더블클릭하여
실행합니다. [연결] 메뉴에서 [코드위즈
연결]을 선택합니다.

② 포트가 정상적으로 연결되었다면 [포트
연결] 창이 표시되고 팔레트에 코드위즈
가 추가됩니다. [OK] 버튼을 클릭합니다.

🐤 더 알아보기

포트가 연결되면 제목 표시줄에 "Port:
CODEWIZ Connet" 가 표시됩니다.

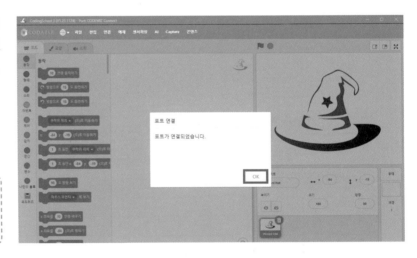

③ [코드위즈] 카테고리를 클릭합니다. 코드
위즈의 기본 센서와 관련된 명령 블록이
추가된 것을 확인합니다.

02 네오 RGB LED 초기화하기

① 프로그램을 작성하기 위해 [코드위즈] 카테고리를 클릭한 후 코드위즈 프로그램 블록을 가져옵니다.

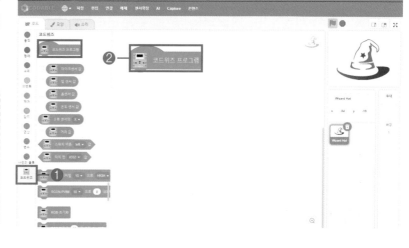

👑 더 알아보기

프로그램을 작성할 때 [코드위즈] 카테고리의 🔲 코드위즈 프로그램 블록 대신 [제어] 카테고리의 🔲 블록을 활용해도 됩니다. 단 🔲 블록으로 작성된 코드는 텍스트 코드로 변경하여 업로드는 하는 것이 불가능합니다. 코드 업로드는 22페이지를 참조합니다.

② 네오 RGB LED를 사용하기 전 초기화하기 위해 [코드위즈] 카테고리의 RGB 초기화 블록을 가져와 연결합니다.

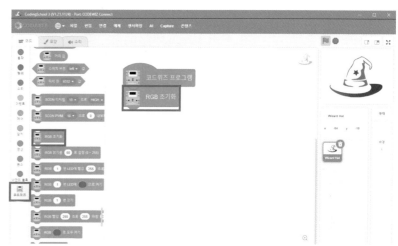

👑 더 알아보기

🔲 RGB 초기화 **블록은 왜 사용하나요?**

모든 물체는 온도, 빛, 저항 등으로 값이 변화됩니다. 그래서 정상 값과 기준값의 범위를 알아야 하고 지정된 값 범위로만 값이 변화될 수 있도록 초기화해야 합니다. 초기화하지 않으면 값이 정상적으로 측정되지 않아 오류가 발생할 수 있습니다.

03 버튼의 누름 여부 판단하기

① 버튼의 누름 여부를 계속 반복하여 판단
할 수 있도록 지정하기 위해 [제어] 카테
고리에서 무한 반복하기 블록을 가져와
연결합니다.

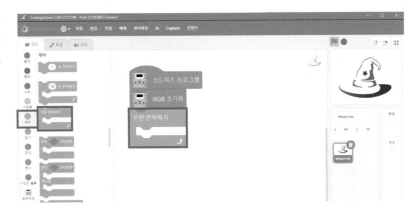

② 버튼 센서가 눌렸는지 판단하기 위해 [제
어] 카테고리의 만약 ~(이)라면 아니면
블록을 가져와 무한 반복하기 블록 안쪽
에 끼워 넣습니다.

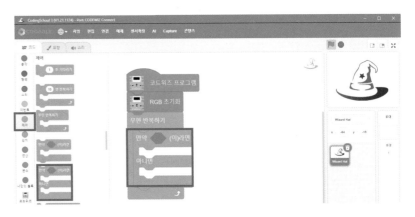

③ [코드위즈] 카테고리의 스위치 버튼 left▼
값 블록을 만약 ~(이)라면 아니면 블록에
끼워넣습니다.

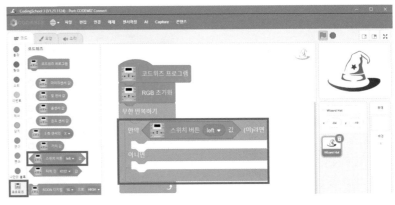

💬 더 알아보기

만약 ~ (이)라면 아니면 **블록은 언제 사용하나요?**

지정된 조건을 만족하는 경우와 만족하지 못하는 두 상황을 명확히 구분해서 처리할 때 사용합니다.

조건이 만족되었을 때 실행할 명령 블록 삽입

조건이 만족되지 않는 경우 실행할 명령 블록 삽입

04 네오 RGB LED 켜고 끄기

① 버튼의 누름 여부에 따라 네오 RGB LED
를 켜고 끄기 위해 [코드위즈] 카테고리
에서 RGB ●로 모두 켜기 블록과 RGB
모두 끄기 블록을 (이)라면 블록과 아니
면 블록 사이에 끼워 넣습니다.

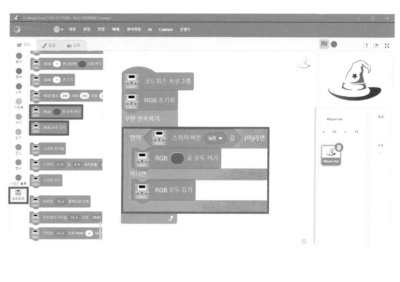

더 알아보기
네오픽셀 색을변경하고 싶어요~

RGB ● 로 모두 켜
기 블록의 색상판을
클릭한 후 표시되는
색상판에서 색을 선
택하면 됩니다.

② 결과를 확인하기 위해 코드위즈 프로그
램 블록을 클릭합니다. 코드위즈 보드
의 버튼을 누르고 있는 동안 빨간색 네오
RGB LED가 켜지는지 확인합니다. 색상
판을 클릭하여 네오 RGB LED의 색을 초
록색이나 파란색으로 변경해 봅니다.

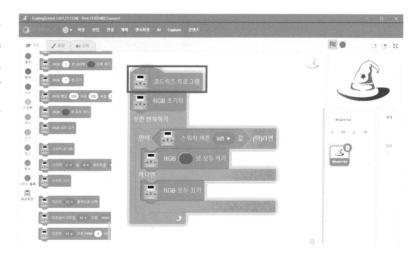

더 알아보기
물감 섞듯이 색을 섞어서 색을 만들 수는 없나요?

네오 RGB LED는 빛의 3원색인 Red(빨강), Green(초록), Blue(파랑)을 섞어서 다양한 색
을 표현할 수 있습니다 .지정 가능한 색의 값 범위는 0~255입니다. [코드위즈] 카테고리의
[RGB 1 번 LED에 빨강 255 초록 255 파랑 255 으로 켜기] 블록과 [RGB 빨강 255 초록 255 파랑 255 (으)로 모두 켜기] 블록을 활용하
면 됩니다.

① 외장 배터리나 배터리 홀더를 연결하여 휴대용으로 가지고 다니려면 작성한 코드를 코드위즈 보드에 업로드 해야합니다. 작성한 블록 코드를 업로드가 가능한 스케치 코드로 변경하기 위해 [편집]-[스케치모드 켜기] 메뉴를 클릭합니다.

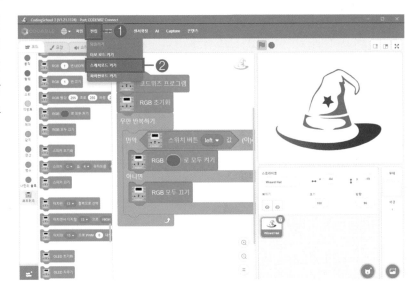

② 오른쪽 화면에 스케치 코드가 표시되면 [업로드] 버튼을 클릭합니다. [업로드] 창이 표시되면 "업로드가 완료되었습니다." 메시지가 표시될 때까지 잠시 기다립니다. [OK] 버튼을 클릭합니다.

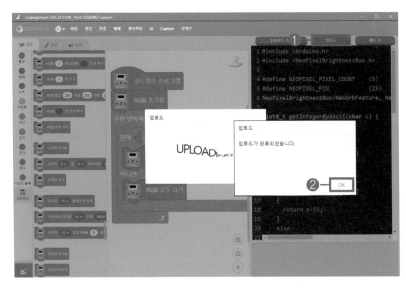

③ 업로드가 완료되면 코드위즈 보드의 OLED에 마법사 모자대신 "CodeWiz Factory App!" 이라는 영문 메시지가 표시됩니다. 코드위즈 보드의 왼쪽 버튼을 눌러 네오 RGB LED가 빨간색으로 켜지는 것을 확인했다면 SOS 모스 부호를 보내봅니다.

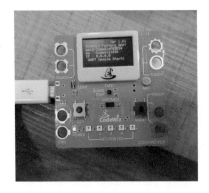
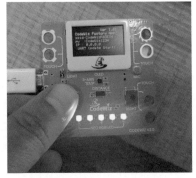

버튼 센서를 직접 눌러 구조 신호를 직접 보낼 수 있는 휴대용 모스부호기를 만들어 보았습니다. 실제 긴급 재난이 발생했을 때 좀 더 편하게 SOS 신호를 보낼 수 있도록 자동화시켜주세요. 자동화하려면 어떻게 해야 할까요?

왼쪽 버튼을 누르면 자동으로 SOS 모스 신호가 계속 출력되도록 하려면 어떻게 해야 할까요?

오른쪽 버튼을 눌러 신호 출력을 멈추게 하려면 어떻게 해야 할까요?

직접 구현해보기

모스 신호가 자동으로 출력되도록 하려면 ~번 반복하기 블록으로 각 신호를 반복하여 출력하도록 코드를 수정하면 됩니다. 모스 부호 신호를 오른쪽 버튼을 누를 때까지 반복하여 출력되도록 하기 위해 ~까지 반복하기 블록을 활용하면 됩니다.

▶ 시작파일 : 2장_크리스마스트리 모스부호기.sb3
▶ 완성파일 : 2장_크리스마스트리 모스부호기_생각더하기.sb3

3 OLED 주차번호판 만들기

코드위즈의 OLED를 이용하여 버튼을 누르면 전화번호가 출력되는 주차번호판을 만들어 봅니다.
OLED를 사용하여 자신이 원하는 텍스트와 도형 등도 쉽게 나타낼 수 있습니다.

무얼 배울까요?

- OLED에 대해 이해할 수 있어요.
- 코드위즈의 버튼 센서와 네오 RGB LED, OLED를 사용할 수 있어요.
- OLED 좌표 범위를 이해하여 도형, 문자열 등을 출력할 수 있어요.
- OLED에 출력된 내용이 왼쪽/오른쪽 방향으로 이동하도록 활용할 수 있어요.

▶ 완성파일 : 3장_OLED주차번호판.sb3

먼저 실행해봤어요

코드위즈의 왼쪽 버튼을 누르면 네오 RGB LED가 파란색으로 켜진 후 OLED에 도형과 전화번호가 출력됩니다. 오른쪽 버튼을 누르면 주차번호판이 꺼집니다. OLED에 출력될 텍스트와 도형을 다양하게 바꿔 나만의 OLED 주차번호판을 만들 수 있어요.

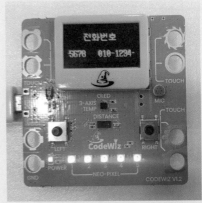

코딩 개념 순서도

```
                          반복하기
           ┌──────────────────────────────────────────┐
           │  왼쪽 버튼을 누르면  →   네오 RGB LED 파란색으로 켜기   │
  ⬤ OLED                          OLED에 전화번호 출력 후 글자 이동
    네오    →
  RGB LED
    초기화       오른쪽 버튼을 누르면  →   네오 RGB LED 끄기
                                   OLED 글자 이동 정지 및 끄기
           └──────────────────────────────────────────┘
```

주학이네 가족은 공원 주차장에 차를 대고 바람을 쐬며 시간을 보내다가 다시 집으로 귀가하려 주차장으로 왔습니다. 주차 공간 부족으로 다른 차 한대가 주학이네 차 앞에 이중 주차를 하여 주학이 아버지는 차 앞 유리에 붙어있는 휴대폰 번호로 전화를 하려고 했지만 어두운 밤이라 전화번호가 잘 보이지 않아 전화를 거는데 까지 시간이 걸렸습니다. 주학이는 어두운 곳에서는 휴대폰 번호가 잘 보이면서도, 무방비하게 개인정보가 노출되지 않는 주차번호판이 있으면 좋겠다고 생각했습니다. 여러분들은 어떤 방법으로 이 문제를 해결할 수 있을까요?

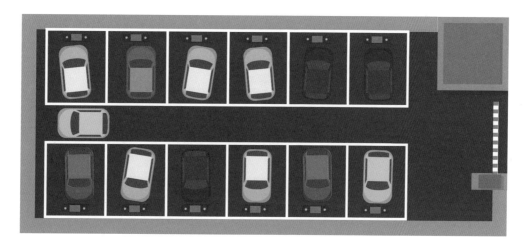

발명의 원리 '주기적 작용(Periodic action)'에 대해 알아보아요.

발명 원리의 한 가지인 '주기적 작용'은 지속적으로 작용하는 시스템을 주기적으로 작용하게 하는 것을 의미합니다. 주로 에너지를 절약하기 위해 적용하는 원리로 경찰차나 소방차의 등을 살펴보면 빛이 계속 켜져 있지 않고 켜졌다 꺼졌다를 반복하여 에너지를 절약합니다. 도로의 가로등도 밝을 때는 끄고 어두울 때 켜지도록 되어있어 주기적 작용의 원리가 적용된 예라고 볼 수 있습니다.

주기적 작용 원리에 맞추어 내가 생각하는 주차 번호판의 기능을 표현해보세요.

💡 여러분의 생각을 적거나 그려주세요

▲ 주차 번호판

OLED, 네오 RGB LED 초기화하기

① 프로그램을 작성하기 위해 [코드위즈] 카테고리를 클릭한 후 코드위즈 프로그램 블록을 가져옵니다.

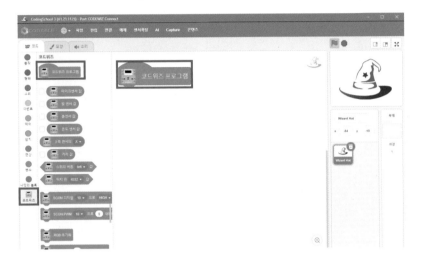

② OLED 초기화하고 OLED에 출력되고 있는 내용을 지우기 위해 OLED 초기화 블록과 OLED 지우기 블록을 가져와 연결합니다.

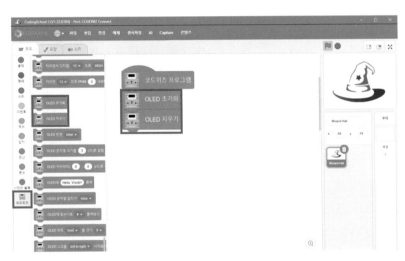

> **더 알아보기**
>
>  OLED 지우기 블록을 삽입하지 않으면 OLED에 기본으로 출력되어 표시되는 로고와 겹쳐서 글자가 출력됩니다.

③ 네오 RGB LED를 초기화하고 밝기를 지정하기 위해 RGB 초기화 블록과 RGB 밝기를 (60)로 설정(0~255) 블록을 가져와 연결한 후 '20'을 입력합니다.

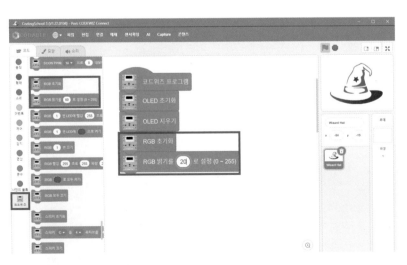

> **더 알아보기**
>
> **OLED가 무엇인가요?**
> OLED모듈은 일반 LCD모듈보다 높은 해상도로 다양한 형태의 데이터를 표시할 수 있는 모듈로써, LED 매트릭스처럼 한 화면에 여러 개의 문자(숫자,알파벳)를 출력할 수 있습니다.

02 버튼의 누름 여부 판단하고 네오 RGB LED 켜기

① 버튼이 눌렸는지 계속 반복하여 판단하기 위해 [제어] 카테고리에서 무한 반복하기 블록을 가져와 연결합니다.

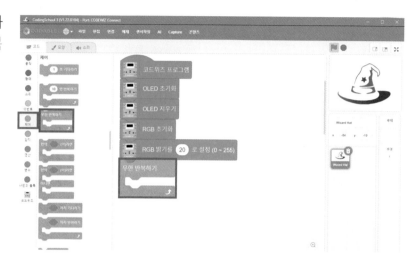

② 왼쪽 버튼이 눌릴 때까지 기다리기 위해 [제어] 카테고리의 ~까지 기다리기 블록을 연결한 후 [코드위즈] 카테고리의 스위치 버튼 left ▼값 블록을 끼워넣습니다.

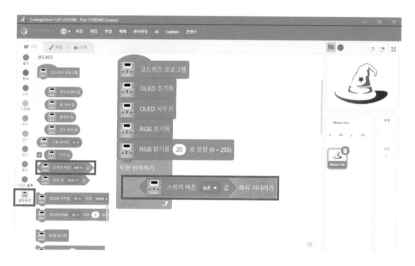

③ 왼쪽 버튼이 눌리면 네오 RGB LED를 켜기 위해 RGB ●로 모두 켜기 블록을 가져와 연결합니다. ●을 클릭하여 ●색으로 변경합니다.

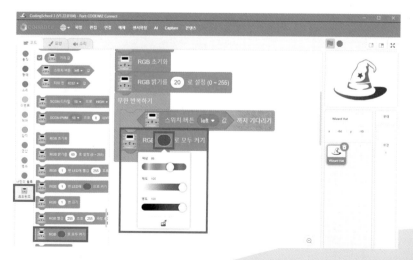

03 OLED에 도형 출력하기

① 큰 직사각형 도형을 출력하기 위해 OLED에 시작(0,0)에서 가로(0)세로(0)인 직사각형 그리기(채우기 false▼) 색 white▼ 블록을 가져와 아래에 연결합니다. 가로 '128', 세로 '64'를 입력하고 ~1초 기다리기 블록을 가져와 연결한 후 '0.5'를 입력합니다.

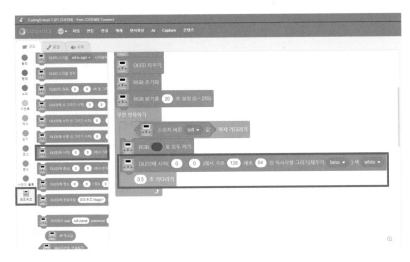

··더 알아보기··

코드위즈의 OLED는 가로 128 세로 64 픽셀의 크기를 가집니다. 도형을 그리거나 글자를 표시(출력)하고자 할 때 어느 위치에 출력할지 좌표를 지정해야합니다. X좌표 값은 0~127, Y좌표 값은 0~63 사이 값을 가집니다.

② 작은 직사각형 도형을 출력하기 위해 OLED에 시작(0,0)에서 가로(0)세로(0)인 직사각형 그리기(채우기 false▼) 색 white▼ 블록을 아래에 연결합니다. 시작에 모두 '10'을 입력하고 가로 '108', 세로 '44' 를 입력합니다. 색을 채우기 위해 ▼를 클릭하여 'true'를 선택합니다.

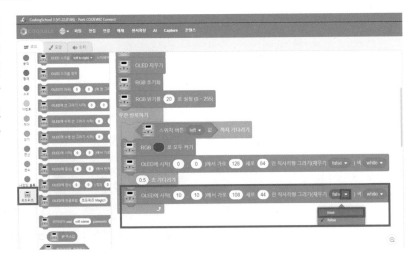

③ 0.5초 동안 표시되도록 ~1초 기다리기 블록을 아래에 연결한 후 '0.5'를 입력합니다. OLED에 표시되고 있는 도형을 지우기 위해 OLED 지우기 블록을 가져와 아래에 연결합니다.

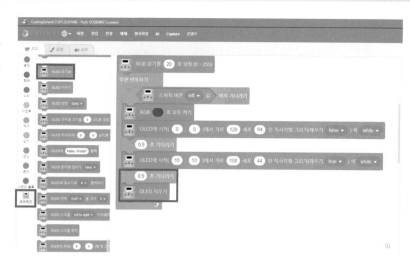

★ 더 알아보기

OLED에는 사각형 뿐만 아니라 타원, 삼각형도 출력할 수 있습니다.

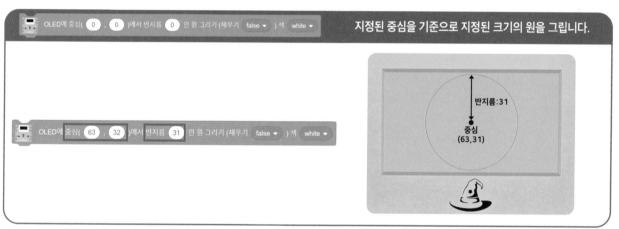

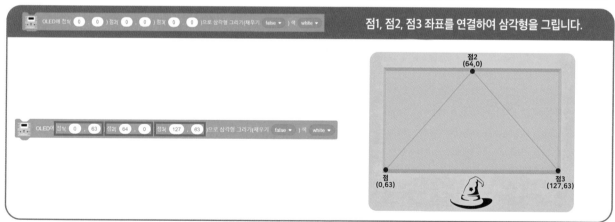

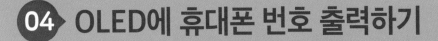

04 OLED에 휴대폰 번호 출력하기

① 글자가 출력되는 위치 지정을 위해 OLED 커서위치 (0,0) (으)로 지정 블록을 가져와 연결하고 '30', '10'을 입력합니다. OLED에 한글포함 (코드위즈 Magic!!) 출력, 줄바꿈O▼ 블록을 가져와 연결한 후 '전화번호'를 입력합니다.

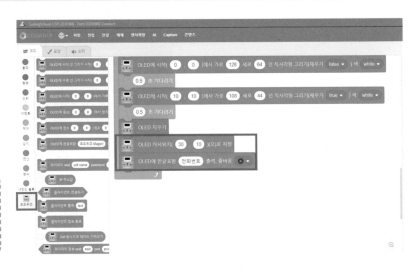

더 알아보기

텍스트가 출력될 위치를 지정하지 않으면 커서의 위치가 0,0으로 설정되어 OLED의 왼쪽 상단 끝에 텍스트가 출력됩니다.

② 전화번호를 출력하기 위해 OLED 커서위치 (0,0) (으)로 지정 블록을 가져와 '10', '40'을 입력합니다. OLED에 한글포함 (코드위즈 Magic!!) 출력, 줄바꿈O▼ 블록을 가져와 연결하고 '010-1234-5678'을 입력합니다.

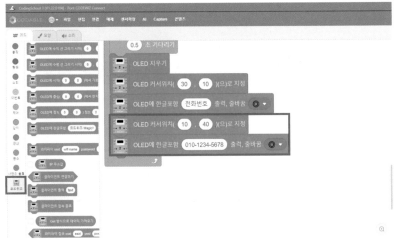

더 알아보기

어두울 때 자동으로 켜지는 주차 번호판은 어떻게 구현하나요?

어두울 때 자동으로 켜지는 주차 번호판을 구현하려면 코드위즈의 빛 센서를 활용하면 됩니다. 코드위즈의 빛 센서는 주변 밝기를 0~1023 사이 값으로 측정하여 알려주기 때문에 측정된 주변 밝기 값이 어두운지 밝은지를 직접 값으로 비교하면 됩니다. 위의 코드에서 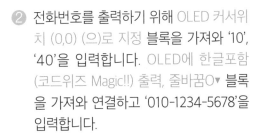 라는 조건을 <스위치 버튼 ... > 로 변경한 후 실제 실행할 때 왼쪽 버튼을 누르는 대신 빛 센서를 손으로 가려 빛 센서 주위를 어둡게 해보세요. 어둡다고 판단되면 OLED에 전화번호가 표시됩니다.

05 오른쪽 버튼을 누를 때까지 이동시키기

① 오른쪽 버튼을 누를 때까지 글자가 움직이는 것이 반복되도록 지정하기 위해 ~까지 반복하기 블록을 가져와 연결합니다. [코드위즈] 카테고리의 스위치 버튼 left▼값 블록을 끼워넣고 'right'를 선택합니다.

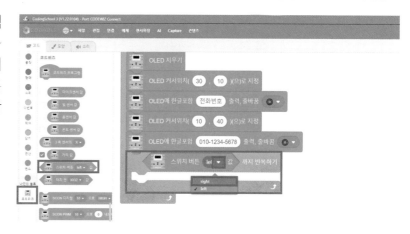

② 오른쪽에서 왼쪽으로 글자가 이동되도록 지정하기 위해 OLED 스크롤 left to right ▼ 시작페이지(0), 종료페이지(0) 블록을 가져와 연결한 후 ▼을 클릭하여 'right to left'를 선택하고 시작페이지에 '5', 종료페이지에 '7'을 입력합니다.

더 알아보기

OLED의 스크롤 방향은 다음과 같이 네 방향으로 설정할 수 있습니다.

OLED 스크롤 left to right ▼ 시작페이지 0 종료페이지 7

- left to right → 왼쪽에서 오른쪽으로 이동합니다.
- right to left → 오른쪽에서 왼쪽으로 이동합니다.
- right bottom to upper left → 왼쪽 대각선으로 이동합니다.
- left bottom to upper right → 오른쪽 대각선으로 이동합니다.

더 알아보기

128*64 OLED

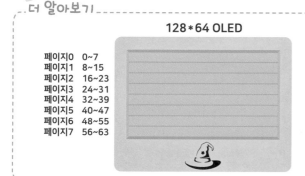

페이지0	0~7
페이지1	8~15
페이지2	16~23
페이지3	24~31
페이지4	32~39
페이지5	40~47
페이지6	48~55
페이지7	56~63

OLED는 64 픽셀로 구성된 세로(Y픽셀)를 8개의 픽셀로 나눈 0~7까지의 페이지로 정의되어 있습니다. OLED 화면 전체가 아니라 특정 페이지(위치)에 출력되는 글자만 움직이도록 하려면 글자가 입력되어 있는 페이지를 시작 페이지와 종료 페이지로 지정하면 됩니다.

OLED 스크롤 left to right ▼ 시작페이지 0 종료페이지 0

06 글자 이동 멈추고 초기화하기

① 오른쪽 버튼을 눌렀을 때 글자가 움직이는 것을 멈추기 위해 OLED 스크롤 정지 블록을 가져와 연결합니다.

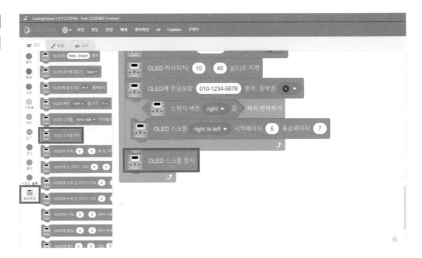

② 멈춘 글자를 지우고 네오 RGB LED를 끄기 위해 OLED 지우기 블록과 RGB 모두 끄기 블록을 차례로 연결합니다.

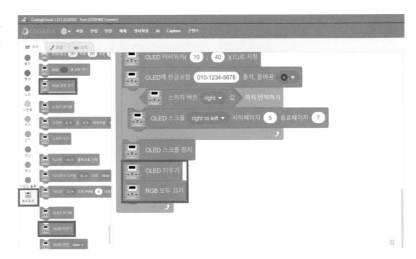

③ 코드위즈 프로그램 블록을 클릭합니다. 왼쪽 버튼을 눌렀을 때 OLED에 전화번호가 표시되면서 네오 RGB LED가 켜지고 오른쪽 버튼을 눌렀을 때 OLED 전화번호가 지워지고 네오 RGB LED가 꺼지는지 확인합니다.

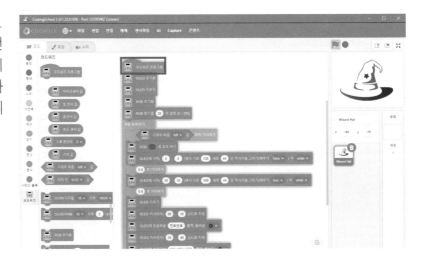

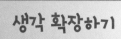
버튼 센서를 직접 눌러 전화번호를 표시하는 OLED 주차번호판을 만들어 보았습니다. 다양한 점, 선, 도형, 문자열을 OLED에 출력하여 나만의 OLED 주차번호판을 만들어 보세요.

다음과 같이 전화번호 위 아래에 굵은 가로 선을 표시하려면 어떻게 해야할까요?

직접 구현해보기

전화번호 위/아래 굵은 가로 선은 OLED에 시작(0,0)에서 가로(0)세로(0)인 직사각형 그리기(채우기 false▼) 색 white▼ 블록을 활용하여 세로 값이 작은 직사각형을 출력하면 됩니다.

▶ 시작파일 : 3장_OLED 주차번호판.sb3
▶ 완성파일 : 3장_OLED 주차번호판_생각더하기.sb3

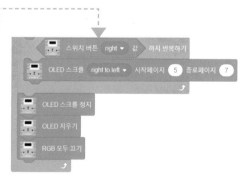

OLED 생일 멜로디 박스 만들기

4

코드위즈의 스피커, 마이크 센서, OLED, 네오 RGB LED를 사용하여 생일 멜로디 박스를 만들어 봅니다. 내가 원하는 메시지와 멜로디를 코딩하여 출력할 수 있습니다.

무얼 배울까요?

- OLED에 메시지를 출력할 수 있어요.
- 코드위즈의 빛 센서 값 변화를 이해할 수 있어요.
- 코드위즈의 마이크 센서 값 변화를 이해할 수 있어요.
- 측정된 마이크 센서의 값의 변화에 따라 네오 RGB LED를 제어할 수 있어요.

▶ 완성파일 : 4장_생일멜로디박스.sb3

먼저 실행해봤어요

생일멜로디 박스 뚜껑을 열면 OLED에 생일 축하 메시지가, 스피커에서 생일 멜로디가 출력됩니다. 후~ 하고 불면 마이크 센서 감지 값에 따라 빨간색 네오 RGB LED 촛불이 꺼집니다.

코딩 개념 순서도

OLED
네오 RGB LED
스피커 초기화

→

밝아질 때까지 기다리기
↓
네오 RGB LED 빨간 색으로 켜기
OLED에 메세지 출력
스피커로 생일축하 멜로디 출력

→

마이크 센서 값 -> 1022 될 때까지 반복

마이크 센서값 > 500인가? → 네오 RGB LED 1, 2번 끄기

마이크 센서값 > 800인가? → 네오 RGB LED 3, 4번 끄기

피아노 건강계단은 지하철역 계단을 피아노 건반으로 꾸며 계단을 밟으면 센서가 작동해 LED 조명이 켜지고 다양한 높낮이의 피아노 소리가 나면서 무미건조한 계단에 재미를 접목해 자연스럽게 걷기 운동을 유도하기 위해 만들어졌습니다. 이처럼 연관된 여러 기술이나 기능이 하나로 합쳐져 여러 작업을 동시에 할 수 있는 방법으로는 어떤 것들이 있을까요?

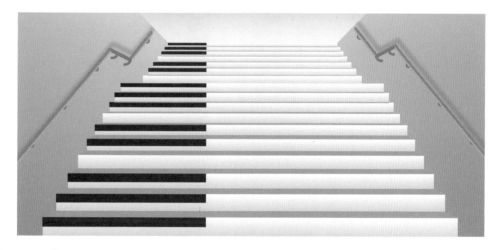

발명의 원리 '통합(Merging)'에 대해 알아보아요.

하나의 기능이 수행되는 동안 다른 기능도 함께 수행될 수 있도록 동질적인 물체나 연속적으로 작동하는 물체를 시간적으로나 공간적으로 결합하는 원리입니다. 동시에 여러 작업을 수행할 수 있는 스팀다리미, 4색 볼펜, 종합선물세트, 유무선 공유기, 2in1 에어컨 등도 합치기의 사례라고 볼 수 있습니다.
여러분도 통합의 원리에 맞추어 동질적인 것이나 이질적인 것들을 적어보고 통합해 볼까요?

01 스피커, 네오 RGB LED, OLED 초기화하기

① 프로그램을 작성하기 위해 [코드위즈] 카
테고리를 클릭한 후 코드위즈 프로그램
블록을 가져옵니다. RGB 초기화 블록과
스피커 초기화 블록을 가져와 아래에 연
결합니다.

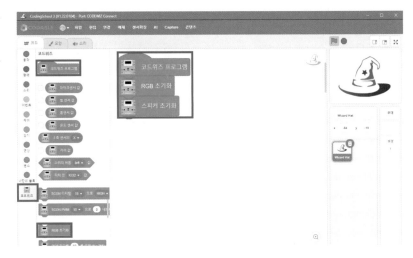

② OLED 초기화 블록과 OLED 지우기 블록
을 가져와 차례대로 연결합니다.

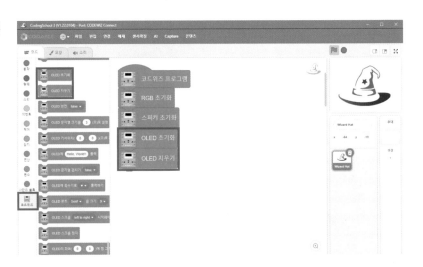

02 빛 센서 조건 지정하고 네오 RGB LED 켜기

① 생일멜로디 박스의 뚜껑이 열릴 때까지 기다리기 위해 [제어] 카테고리의 ~까지 기다리기 블록을 가져와 연결합니다.

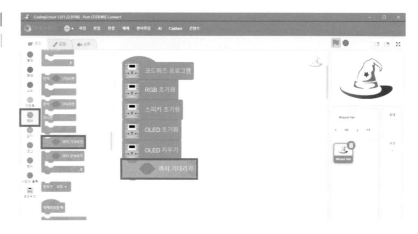

② 뚜껑이 열리면 주변 밝기에 따라 빛 센서 값이 변하므로 [연산] 카테고리의 ( )>50 블록을 끼워 넣습니다. 왼쪽 값에는 [코드위즈] 카테고리의 빛 센서 값 블록을 오른쪽 값에는 '100'을 입력합니다.

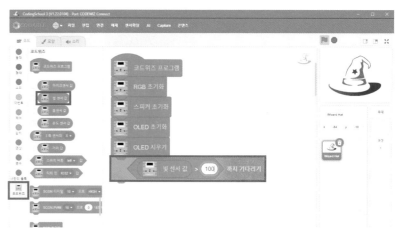

더 알아보기

[코드위즈] 카테고리 🔲 빛 센서 값 블록의 □을 체크하면(☑ 🔲 빛 센서 값) 빛 센서가 현재 주위의 밝기를 측정하여 무대에 표시합니다. 어두울수록 0, 밝을수록 1023값에 가까운 값으로 표시됩니다.

③ 뚜껑이 열려 빛 센서 값이 100보다 커지면 네오 RGB LED가 빨간색으로 켜지도록 RGB ●로 모두 켜기 블록을 가져와 아래에 연결합니다.

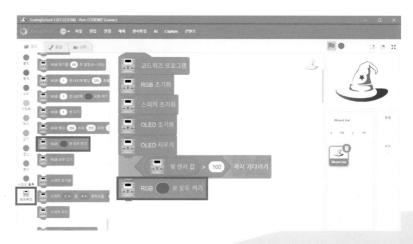

더 알아보기

빛 센서 값이 100보다 크다는 것은 밝아졌다는 것을 의미합니다.

① 출력되는 위치를 정하기 위해 OLED 커서위치 (0,0) (으)로 지정 블록을 가져와 '20'과 '0'을 입력합니다. OLED에 한글포함 (코드위즈 Magic!!) 출력, 줄바꿈O▼ 블록을 가져와 연결하고 '* 축 생일 *'을 입력합니다.

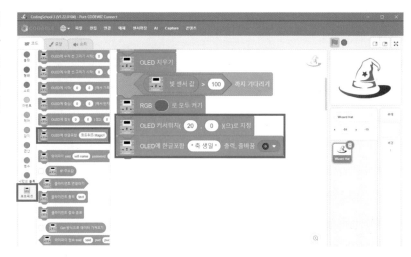

② OLED 커서위치 (20,0) (으)로 지정 블록을 마우스 오른쪽 버튼으로 클릭한 후 [복사하기] 메뉴를 클릭합니다. 복사된 블록을 아래에 연결합니다.

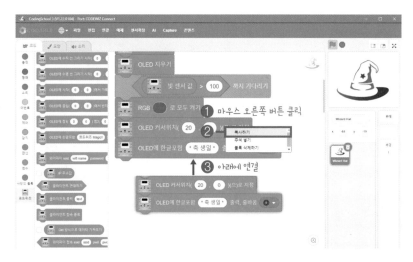

③ '50', '25', '엄마'를 입력합니다. OLED에 한글포함 (코드위즈 Magic!!)출력, 줄바꿈O▼ 블록을 연결하고 '생일 축하드려요~'를 입력합니다. OLED 스크롤 left to right▼시작페이지(0), 종료페이지(0) 블록을 연결한 후 '5', '7'을 입력하고 ▼을 눌러 'right to left' 선택합니다.

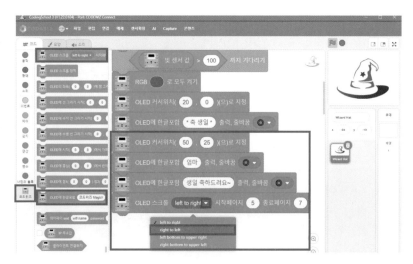

04 스피커로 생일 멜로디 출력하기

① 생일 멜로디 음을 재생하기 위해 스피커 C▼음 4▼옥타브를 4▼분음표로 연주하기 블록을 연결합니다. ▼를 누른 후 'D', '4' '8' 을 차례대로 선택합니다.

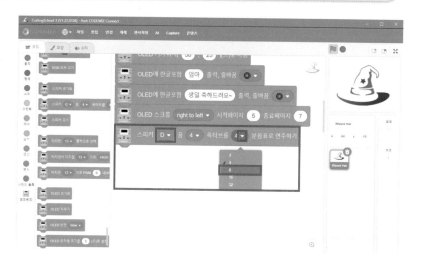

② 스피커 C▼음 4▼옥타브를 4▼분음표로 연주하기 블록을 아래에 6개 추가 연결합니다. ▼를 누른 후 'D', '4' '8', 'E', '4' '4', 'D', '4' '4', 'G', '4' '8', 'G', '4' '8', 'Fs', '4' '2', 가 되도록 지정합니다. 1초 기다리기 블록을 연결하고 '1.5'를 입력합니다.

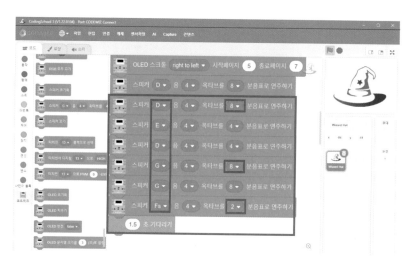

더 알아보기

코드위즈의 스피커는 12음계를 7옥타브로 출력하는 부저입니다. 박자는 2분음표부터 32분음표까지 5가지 중 하나를 선택할 수 있으며 반드시 초기화를 해야 음을 재생할 수 있습니다. 기본적으로 '도'음인 'C'음계가 4옥타브의 4분음표로 출력되도록 지정되어 있습니다.

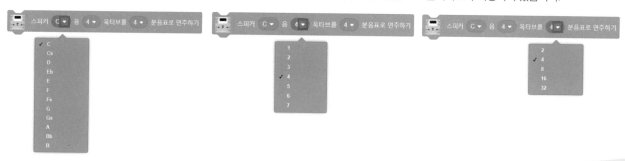

③ 첫 음절의 스피커 D▼음 4▼옥타브를 8▼
　분음표로 연주하기 블록에서 마우스 오
　른쪽 버튼을 누른 후 [복사하기] 메뉴를
　클릭합니다.

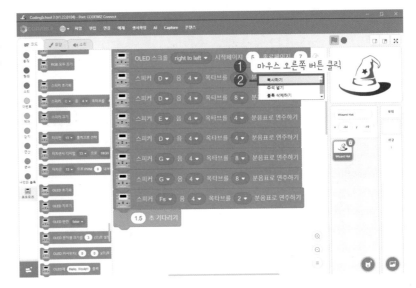

④ 복사된 블록을 아래에 연결합니다.

⑤ ⑤,⑥,⑦번의 음을 'A', 'A', 'G' 로 변경해
　줍니다.

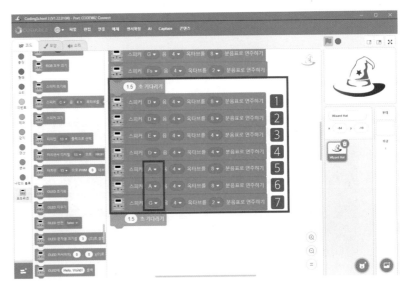

⑥ 두 번째 음절 멜로디의 스피커 D▼음 4▼ 옥타브를 8▼분음표로 연주하기 블록에서 마우스 오른쪽 버튼을 누른 후 [복사하기] 메뉴를 클릭합니다. 복사된 블록을 아래에 연결합니다. ③,④,⑤,⑥,⑦번의 음을 'D','B','G','Fs','E' 로 변경하고 ③번의 옥타브는 '5', ⑤,⑥번의 분음표를 '4'로 지정합니다.

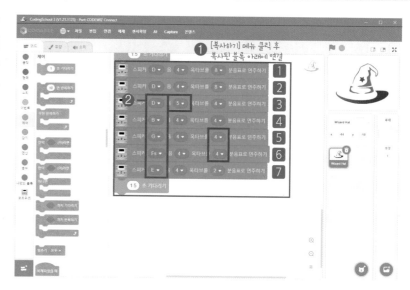

⑦ 세 번째 음절 멜로디도 복사하여 복사된 블록 아래에 연결합니다. ①,②,③,④,⑤,⑥,⑦ 번의 음을 'C','C','B','G','A','A','G' 로 변경해 줍니다. ①,②,③번의 옥타브는 '5','5','4' ⑤,⑥번의 분음표를 '8'로 지정합니다.

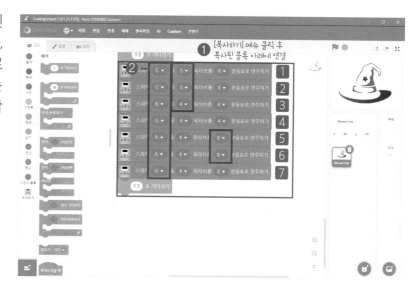

❶ "후~" 불어서 네오 RGB LED가 모두 꺼지도록 지정하기 위해 ~까지 반복하기 블록을 가져와 연결하고 ( )>50 블록을 끼워 넣은 후 왼쪽 값에 마이크 센서 값 블록을 넣어줍니다. 오른쪽 값에 '1022'를 입력합니다.

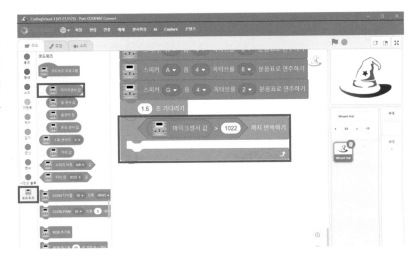

❷ 마이크 센서 값이 500보다 크다는 조건을 지정하기 위해 만약 ~ (이)라면 블록을 가져와 연결합니다. ( )>50 블록을 끼워 넣고 마이크 센서 값 블록과 '500'을 입력합니다. RGB 1번 끄기 블록을 두 번 연속 연결한 후 '2'를 입력합니다.

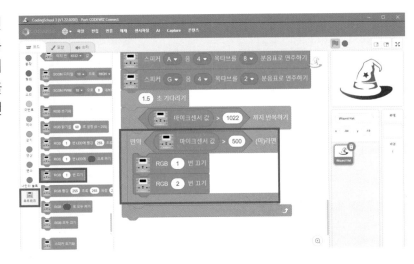

❸ 만약~(이)라면 블록에서 마우스 오른쪽 버튼을 누른 후 [복사하기] 메뉴를 클릭합니다. 복사된 블록을 아래에 연결하고 마이크 센서 값이 800보다 크면 네오 RGB LED 3,4번을 끄기 위해 '800', '3', '4'를 입력합니다.

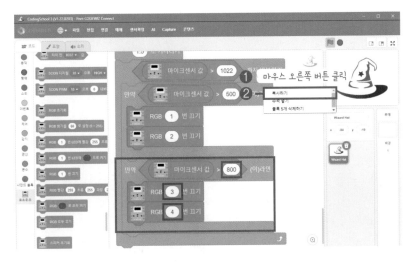

06 5번 네오 RGB LED 끄고 스크롤 정지하기

① 마이크 센서 값이 1022보다 커지면 5번째 네오 RGB LED를 끄고 스크롤을 중지 시키기 위해 RGB 1번 끄기 블록을 ~까지 반복하기 블록 밖에 연결하고 '5'를 입력합니다. OLED 스크롤 정지 블록과 OLED 지우기 블록을 아래에 연결합니다.

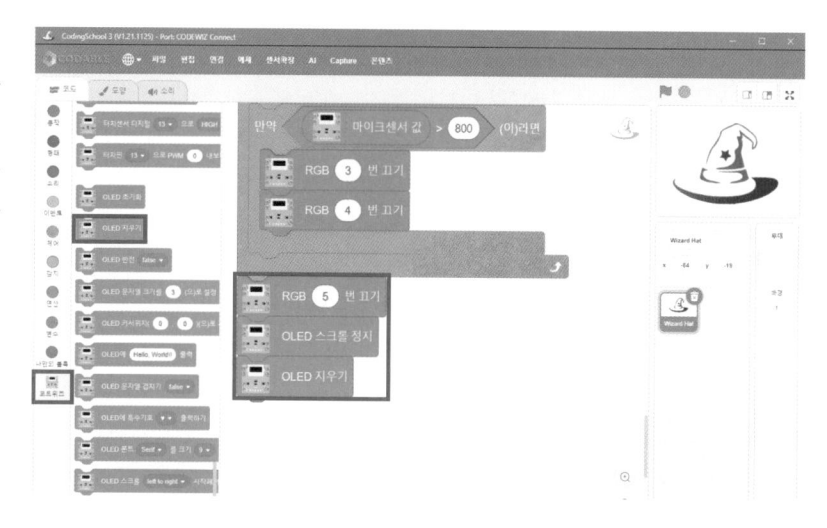

② 코드위즈를 종이로 가린 후 무대의 코드위즈 프로그램 블록을 클릭합니다. 코드위즈를 가린 종이를 제거하면 생일 축하 메시지가 표시된 후 네오 RGB LED가 켜지고 생일축하 멜로디가 출력되는지 확인합니다. 멜로디 출력이 완료되면 "후~" 하고 입김을 불어 네오 RGB LED가 꺼지는지 확인합니다.

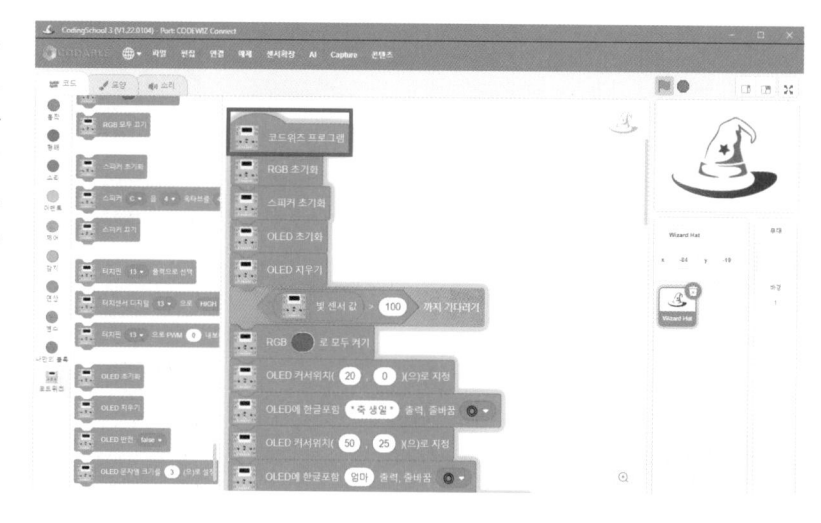

③ 실행 결과에 문제가 없다면 [편집]-[스케치모드 켜기] 메뉴를 클릭한 후 [업로드] 버튼을 눌러 코드를 업로드 합니다.

> 👑 **더 알아보기**
>
> 주위 환경에 따라 업로드 완료 후 바로 코드가 실행되는 경우가 발생할 수 있습니다. 업로드 시 코드위즈를 종이로 가리거나 뒤집어 놓으면 자동으로 실행되는 것을 방지할 수 있습니다.

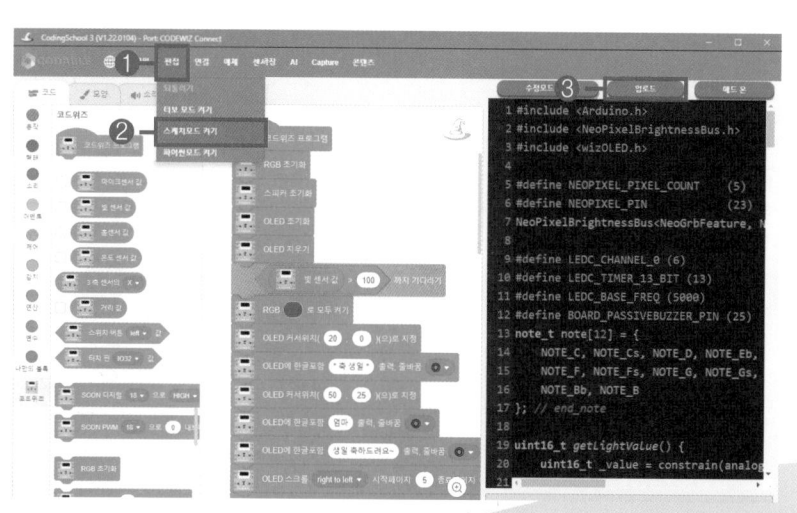

07 박스 만들어 멜로디 박스 구현하기(메이킹)

① 생일멜로디박스 도안(부록), 풀, 가위, 색연필, 싸인펜을 준비합니다.

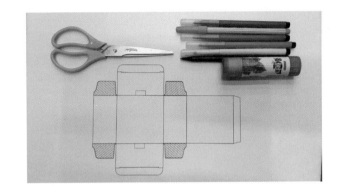

② 전개도 테두리를 가위로 잘라줍니다. 준비한 색연필과 싸인펜으로 도안에 글자나 그림을 그려 꾸며줍니다.

③ 전개도를 선으로 따라 접은 후 /// 되어있는 부분에 풀을 칠해 박스를 만듭니다.

④ 코드위즈에 건전지를 연결한 후 사진과 같이 코드위즈와 건전지를 넣습니다. 건전지를 켠 후 상자 뚜껑을 닫습니다. 상자 뚜껑을 열어 생일 멜로디 박스가 잘 작동되는지 확인해봅니다. (작은 건전지 연결이 어렵다면 상자 왼쪽/오른쪽에 사각 구멍을 뚫어 UBS 케이블을 연결해도 됩니다.)

OLED에 생일 메시지와 스피커로 멜로디를 출력하고 마이크 센서 값에 따라 5개의 네오 RGB LED가 꺼지도록 코딩해 보았습니다. 출력되는 멜로디를 다양하게 변경하여 나만의 멜로디 박스를 만들어 보세요.

> 상자의 뚜껑을 닫았다 다시 열면 생일 멜로디 박스가 다시 실행되도록 하려면 어떻게 해야할까요?
>
> 다른 멜로디가 출력되게 하려면 어떻게 해야할까요?
>
> 네오 RGB LED를 다른 색으로 지정하여 표시하려면 어떻게 해야할까요?

직접 구현해보기

상자의 뚜껑을 열면 생일 멜로디 박스가 실행되고 네오 RGB LED를 다 끈 후 다시 뚜껑을 닫았다가 열면 다시 생일 멜로디 박스가 실행되도록 하려면 무한 반복하기 블록을 활용 해야합니다. 상자의 뚜껑을 다시 닫게 되면 빛 센서값이 0에 가까워집니다. 빛 센서값이 0에 가까워질 때까지 기다린 후 다시 뚜껑이 열린 상태를 판단할 수 있도록 지정하면 됩니다.

▶ 시작파일 : 4장_생일멜로디박스.sb3
▶ 완성파일 : 4장_생일멜로디박스_생각더하기.sb3

5 스마트 자세 측정기 만들기

코드위즈의 3축 센서를 이용하여 자세(움직임)의 기울임에 따라 알람을 울려 올바른 자세와 올바르지 않은 자세를 판단할 수 있는 스마트 자세 측정기를 만들어 봅니다.

무얼 배울까요?

- 코드위즈의 3축 센서에 대해 이해할 수 있어요.
- 연산 블록을 활용하여 Z축의 방향과 기울어짐을 측정할 수 있어요.
- 변수를 선언하고 활용할 수 있어요.
- 타이머 블록을 활용하여 시간을 제어할 수 있어요.

▶ 완성파일 : 5장_스마트자세측정기.sb3

 먼저 실행해봤어요

코드위즈의 스마트 자세 측정기가 기울어짐에 따라 자세 변화를 측정할 수 있어요.

 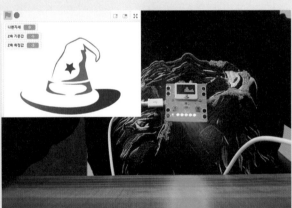

코딩 개념 순서도

OLED
네오 RGB LED
스피커 초기화
Z축의 기준값 측정

→

10초 동안 Z축 기울기의 변화 측정
▼
나쁜자세인가?
▼ 네
스프라이트 색 변경
삑 경고음 재생
네오 RGB LED 빨간색으로 켜기
나쁜자세 횟수 증가

10초 후 →

나쁜자세값이 0인가?

네 →

네오 RGB LED
초록색으로 켬

48

코로나 사태로 온라인을 통한 수업과 학습이 이루어지다 보니 장시간 앉아서 컴퓨터나 태블릿 같은 장비를 사용하면서 생활 속 나쁜 자세와 운동 부족이 이어져 목, 허리에 통증을 호소하는 학생들이 많아졌습니다. 바른 자세를 가지기 위해 도움을 받는다면 어떤 방법들이 필요할까요? 스마트폰을 기울여 가며 장애물을 피하는 게임처럼 스마트폰의 움직임이 화면에 반영되는 것을 본 적이 있나요? 이처럼 기울어짐이나 진동을 확인하는 방법으로도 다양한 문제를 해결할 수 있습니다.

발명의 원리 '사전 예방(Beforehand Compensation)'에 대해 알아보아요.

사전 예방은 나쁜 결과를 막기 위해서 만약을 대비한 예방 차원의 조치로, 어떤 물체의 신뢰성이 그다지 높지 않은 경우 미리 준비된 비상수단으로 낮은 신뢰성을 보완하는 원리입니다.
예) 구명조끼, 안전벨트, 알람시계, 안전모, 백업프로그램, 엘리베이터 비상 호출버튼 등

▲ 구명조끼

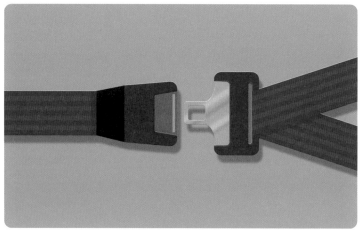

▲ 안전벨트

① 프로그램을 작성하기 위해 [이벤트] 카테고리를 클릭한 후 깃발을 클릭했을때 블록을 가져옵니다. 네오 RGB LED와 스피커를 초기화하기 위해 [코드위즈] 카테고리의 RGB 초기화 블록과 스피커 초기화를 연결합니다.

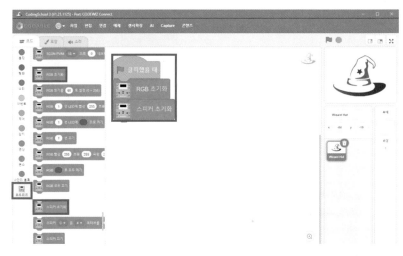

더 알아보기

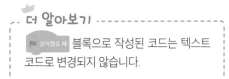 블록으로 작성된 코드는 텍스트 코드로 변경되지 않습니다.

② 자세 상태를 저장할 변수를 선언하기 위해 [변수] 카테고리의 [변수 만들기]를 클릭합니다. [새로운 변수 이름] 입력란에 '나쁜자세'를 입력하고 [확인] 버튼을 클릭합니다.

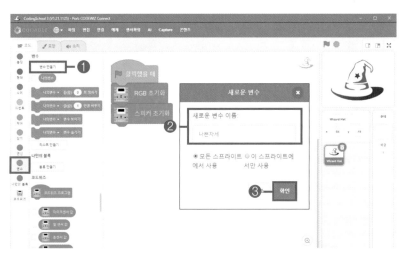

③ [변수 만들기]를 클릭하여 기준 Z축 값과 측정된 Z축 값을 저장할 변수 'Z축 기준값' 변수와 'Z축 측정값' 변수를 선언합니다.

더 알아보기

변수란 임시로 데이터 값을 저장하는 저장 공간을 의미합니다.

02 변수 초기화 및 타이머 초기화하기

① [변수] 카테고리의 나쁜자세▼ 을(를) 0로 정하기 블록을 가져와 연결합니다. 나쁜 자세▼ 을(를) 0로 정하기 블록을 가져와 연결한 후 ▼을 눌러 'Z축 기준값'을 선택합니다.

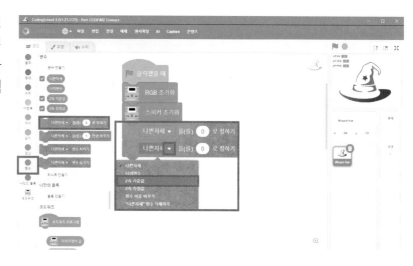

② [코드위즈] 카테고리의 3축 센서의 X▼ 블록을 Z축 기준값 변수 블록에 삽입합니다. ▼을 눌러 'Z'을 선택합니다.

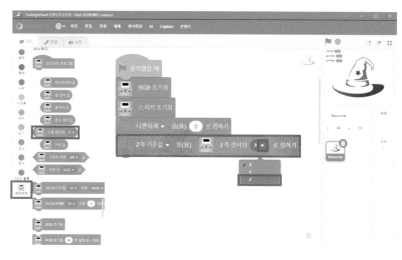

더 알아보기

Z축 기준값 변수 블록은 프로그램을 실행했을 때 코드위즈 보드의 기울어짐을 판단하는 기준값이 됩니다.

③ 1초 기다리기 블록을 가져와 연결합니다. 타이머를 초기화하기 위해 [감지] 카테고리에서 타이머 초기화 블록을 가져와 연결합니다.

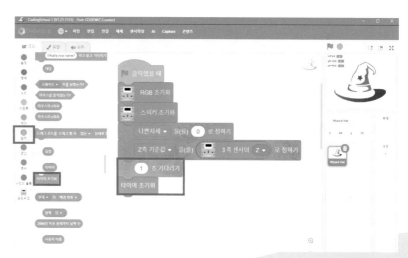

① [제어] 카테고리에서 ~ 까지 반복하기 블록을 가져와 연결합니다. 10초 동안 판단하도록 지정하기 위해 [연산] 카테고리에서 ( )>50 블록을 가져와 끼워 넣습니다. 왼쪽 값에 타이머 블록을 끼워 넣고 오른쪽 값에 '10'을 입력합니다.

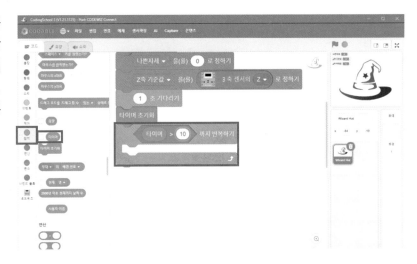

② 현재 Z축값을 저장하기 위해 나쁜자세▼ 을(를) 0로 정하기 블록을 가져와 연결한후 ▼을 눌러 'Z축 측정값'을 선택합니다. 3축 센서의 X▼ 블록을 Z축 측정값 변수블록에 삽입합니다. ▼을 눌러 'Z'을 선택합니다.

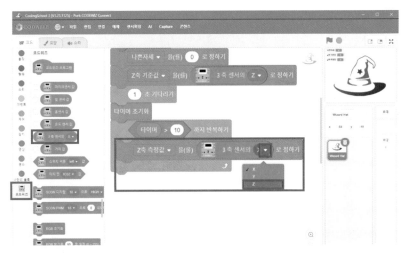

> 🔖 **더 알아보기**
> Z축 측정값 변수 블록은 10초 동안 코드위즈 보드의 Z축 기울기를 저장합니다.

③ 현재 Z축 기울기와 Z축 기준값을 비교하기 위해 만약 ~ (이)라면 블록을 가져와연결합니다. < >또는< > 블록을 가져와끼워 넣습니다. 왼쪽 값에는 ( )<50 블록을 오른쪽 값에는 ( )>50 블록을 끼워 넣습니다.

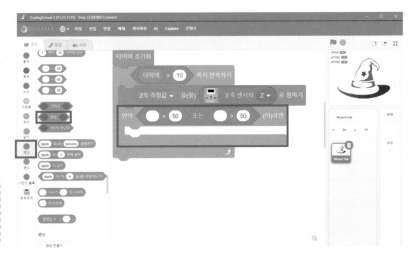

> 🔖 **더 알아보기**
> 또는 는 왼쪽에 입력되는 조건과 오른쪽에 입력된 조건 중 하나만 조건을 만족해도 참을 반환해주는 논리 연산자입니다.

④ ( )<50 블록의 오른쪽 값에 ( )-( ) 블록,
( )>50 블록의 오른쪽 값에 ( )+( ) 블록을
끼워넣습니다. -와 + 뒤에 '10'을 입력합
니다. < 와 > 의 왼쪽 값에는 Z축 측정값
변수 블록, 오른쪽 값에는 Z축 기준값 변
수 블록을 끼워 넣습니다.

> 💭 **더 알아보기**
>
> 10초 동안 측정되는 Z축 기울기가 Z축 기
> 준값에서 -10 값보다 작거나 +10값보다 큰
> 지를 비교합니다.

⑤ [형태] 카테고리에서 색깔▼ 효과를 25만
큼 바꾸기 블록을 가져와 끼워 넣고 '50'
을 입력합니다. RGB ●로 모두 켜기 블
록과 스피커 C▼ 음 4▼ 옥타브를 4▼분음
표로 연주하기 블록을 끼워 넣습니다. ▼
을 눌러 '8'을 선택합니다.

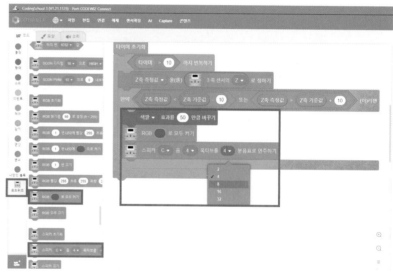

> 💭 **더 알아보기**
>
> 기울어졌다고 판단되면 무대의 모자 스프
> 라이트의 색이 바뀌면서 네오 RGB LED을
> 빨간색으로 켜고 알림음을 울립니다.

⑥ 나쁜자세▼을(를) 1 만큼 바꾸기 블록을
가져와 연결합니다. RGB 모두 끄기 블록
과 그래픽 효과 지우기 블록을 가져와 연
결합니다.

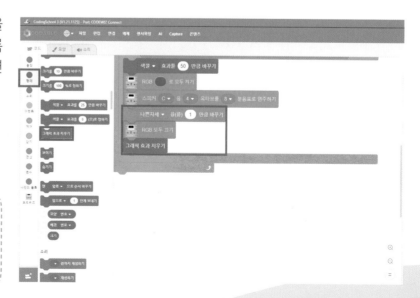

> 💭 **더 알아보기**
>
> 알림음 재생 후 '나쁜자세' 변수 값을 1씩 증
> 가 시키고 네오 RGB LED를 끈 후 모자 스
> 프라이에 적용된 효과를 지웁니다.

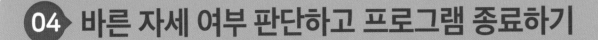 04 바른 자세 여부 판단하고 프로그램 종료하기

① 10초 후 바른 자세를 유지했는지 판단하기 위해 **만약 ~ (이)라면** 블록을 아래에 연결하고 **( )=(50)** 블록을 끼워 넣습니다. 나쁜자세 변수 블록을 끼워 넣고 '0'을 입력합니다. **RGB ●로 모두 켜기** 블록을 가져와 끼워 넣고 ●을 클릭하여 ● 색을 선택합니다.

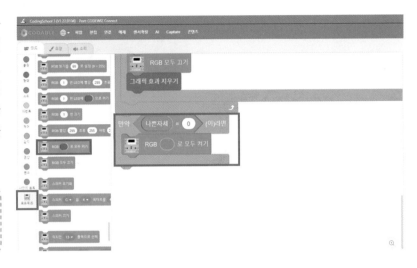

> **더 알아보기**
> '나쁜자세' 변수 값이 0이라는 것은 한 번도 자세가 기울어지지 않았음을 의미합니다.

② **1초 기다리기** 블록을 아래에 연결한 후 '3'을 입력합니다. **멈추기 모두** 블록을 가져와 아래에 연결합니다. 양면 테이프를 이용하여 코드위즈를 가슴 앞쪽에 붙인 후 깃발을 클릭했을 때 블록을 클릭하거나 무대의 [실행] (🚩)을 클릭합니다. 몸을 앞쪽으로 기울여 실행 결과를 확인해 봅니다.

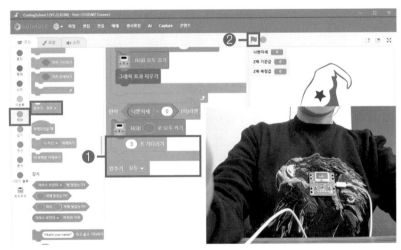

더 알아보기

3축 센서는 무엇일까요?

이동하는 물체의 가속도나 충격의 세기를 측정하는 센서로 물체의 가속도, 진동, 충격 등의 동적 힘을 측정할 수 있습니다. X,Y,Z 축의 값을 각각 측정할 수 있으며 사람의 자세나 물체의 운동상태를 상세하게 감지할 수 있으므로 활용 분야가 아주 넓고, 갖가지 용도로 사용되고 있습니다. 자동차, 기차, 선박, 비행기 등 각종 수송수단, 공장자동화 및 로봇 등 제어시스템에 있어서는 필수적인 센서입니다.

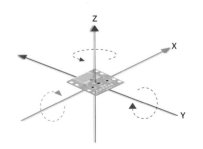

X축 값이 -90에 가까워짐

X축 값이 90에 가까워짐

Y축 값이 -90에 가까워짐

Y축 값이 90에 가까워짐

Z축 값이 90에 가까워짐

Z축 값이 -90에 가까워짐

54

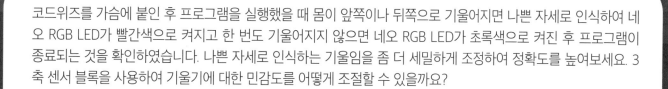

코드위즈를 가슴에 붙인 후 프로그램을 실행했을 때 몸이 앞쪽이나 뒤쪽으로 기울어지면 나쁜 자세로 인식하여 네오 RGB LED가 빨간색으로 켜지고 한 번도 기울어지지 않으면 네오 RGB LED가 초록색으로 켜진 후 프로그램이 종료되는 것을 확인하였습니다. 나쁜 자세로 인식하는 기울임을 좀 더 세밀하게 조정하여 정확도를 높여보세요. 3축 센서 블록을 사용하여 기울기에 대한 민감도를 어떻게 조절할 수 있을까요?

> 앞으로 구부린 자세로 바뀌었을 때 X축과 Z축의 변화값을 기록해보세요.
>
> 나쁜 자세로 인식하는 기울임을 좀 더 세밀하게 조정하려면 기울임 판단을 어떻게 조정 해야 할까요?
>
> 지정된 시간 경과 후 바른 자세인지 나쁜 자세인지를 음성으로 나오게 하려면 코드를 어떻게 해야 할까요?

직접 구현해보기

기울임의 정확도를 높이려면 3축 센서의 X축 센서를 활용하면 됩니다. 음성으로 결과를 알려주는 것은 [텍스트 음성 변환(TTS)] 기능을 추가한 후 ~ 말하기 블록을 활용하면 됩니다. 코딩스쿨 화면 왼쪽 아래에 표시되는 [ ] (확장기능 추가하기)를 클릭한 후 [텍스트 음성 변환(TTS)]을 클릭하면 명령 블록이 추가되어 표시됩니다.

▶ 시작파일 : 5장_스마트자세측정기.sb3
▶ 완성파일 : 5장_스마트자세측정기_생각더하기.sb3

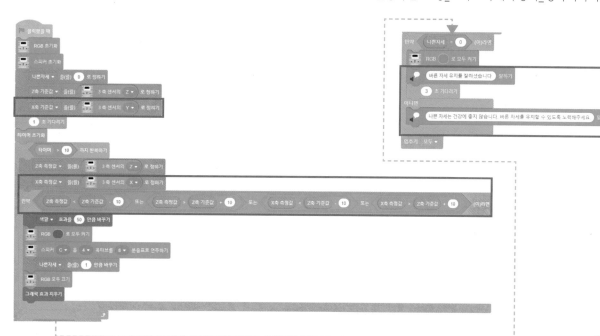

6 키 측정기 만들기

코드위즈의 거리 센서를 사용하여 코드위즈의 왼쪽 버튼을 누르면 거리 값 측정이 시작되고 OLED에 측정 값이 출력되는 키 측정기를 만들어 봅니다.

무얼 배울까요?

- 거리 센서의 원리를 이해할 수 있어요.
- [거리 값] 블록으로 거리 값의 변화를 확인할 수 있어요.
- 코드위즈의 거리 센서 명령어 블록을 활용하여 코딩할 수 있어요.

▶ 완성파일 : 6장_키측정기.sb3

먼저 실행해봤어요

왼쪽 버튼을 누르면 거리 값(바닥까지의)이 측정된 후 OLED에 측정된 값이 cm 단위로 변환되어 출력되므로 키 또는 거리 등 을 측정해 볼 수 있어요.

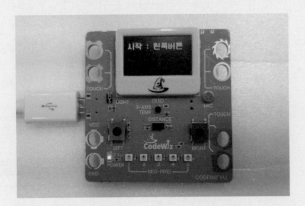
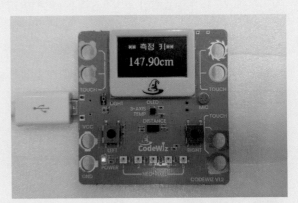

코딩 개념 순서도

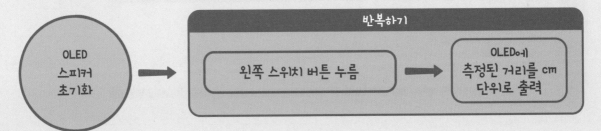

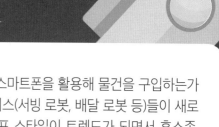

여러 산업 혁명을 거쳐 오면서 현재 4차 산업혁명 시대에 살고 있는 우리는 스마트폰을 활용해 물건을 구입하는가 하면 로봇청소기가 알아서 집안 청소를 해주고 그 외에도 로봇을 활용한 서비스(서빙 로봇, 배달 로봇 등)들이 새로운 시대에 주목받는 기술로 자리매김하고 있습니다. 최근 혼자 즐기는 라이프 스타일이 트렌드가 되면서 혼쇼족, 혼밥족에게 편의를 줄 수 있는 시스템들도 많이 활용되고 있습니다. 이처럼 생활에 편리함을 주는 신기술들이 미래 우리 생활에 가져올 긍정적인 변화가 있겠지만 반대로 해킹, 일자리 문제 등 생겨날 부작용들이 있을 수 있습니다. 이러한 문제 해결 방법에 대한 자신의 의견을 발표해 볼 수 있을까요?

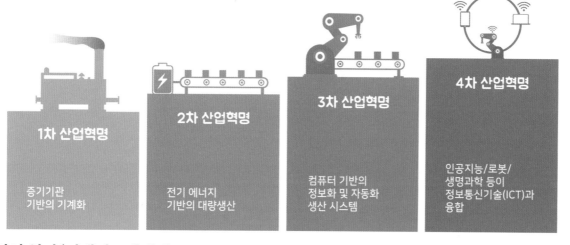

1차 산업혁명
증기기관
기반의 기계화

2차 산업혁명
전기 에너지
기반의 대량생산

3차 산업혁명
컴퓨터 기반의
정보화 및 자동화
생산 시스템

4차 산업혁명
인공지능/로봇/
생명과학 등이
정보통신기술(ICT)과
융합

발명의 원리 '기계시스템대체(Mechanical interaction subsititution)'에 대해 알아보아요.

기계적 시스템을 시각, 촉각, 후각, 청각 등 사람의 감각을 이용해서 쉽게 감지하도록 교체하여 문제를 해결하는 발명 원리입니다. 기계 시스템의 효율을 높이기 위해서 물체를 전기장이나 자기장 등과 상호작용하게 할 수도 있습니다. 줄 없는 줄넘기, 초음파 모기 퇴치기, 맥주 온도계 표시, 타이머 한계 마모선 등 주변에서 효율을 높일 수 있게 기계 시스템 대체 원리가 적용된 예를 찾아 적어 볼까요?

💡여러분의 생각을 적거나 그려주세요

▲ 줄 없는 줄넘기

01 센서 초기화하고 변수 선언하기

① 프로그램을 작성하기 위해 [코드위즈] 카테고리의 코드위즈 프로그램 블록을 가져옵니다. [코드위즈] 카테고리의 스피커 초기화 블록을 연결하고 메시지 출력을 위해 OLED 초기화 블록과 OLED 지우기 블록을 아래에 연결합니다.

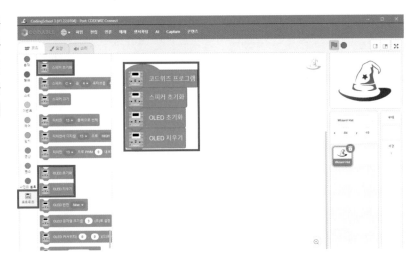

② 글꼴과 글자 크기를 지정하기 위해 [코드위즈] 카테고리를 클릭한 후 OLED 폰트 Serif▼를 크기 9▼으로 설정 글꼴 블록을 가져와 아래에 연결합니다. ▼을 눌러 '12'를 선택합니다.

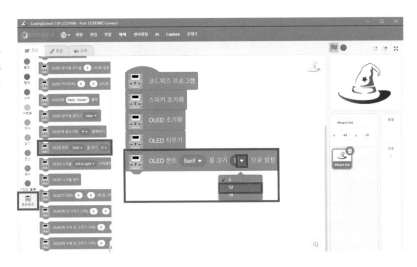

③ 측정된 거리값(키값)을 저장할 변수를 선언하기 위해 [변수] 카테고리의 [변수 만들기]를 클릭합니다. [새로운 변수 이름] 입력란에 '측정값'을 입력하고 [확인] 버튼을 클릭합니다.

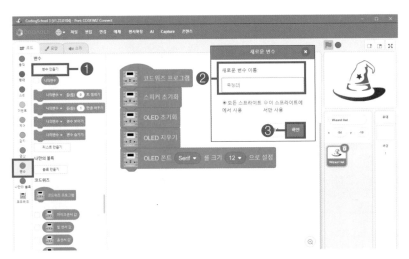

④ '측정값' 변수 값을 0으로 초기화하기 위해 나의변수▼을(를) 0으로 정하기 블록을 가져와 ▼를 눌러 '측정값'을 선택합니다.

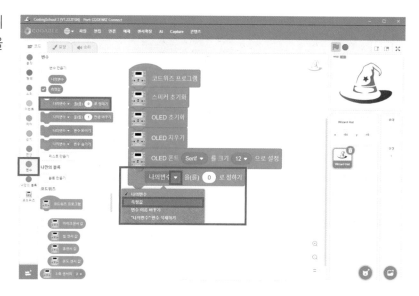

⑤ OLED에 시작 메시지를 출력하기 위해 [코드위즈] 카테고리의 OLED에 한글포함 (코드위즈 Magic!!) 출력, 줄바꿈O▼ 블록을 가져와 아래에 연결한 후 '시작 : 왼쪽버튼'을 입력합니다.

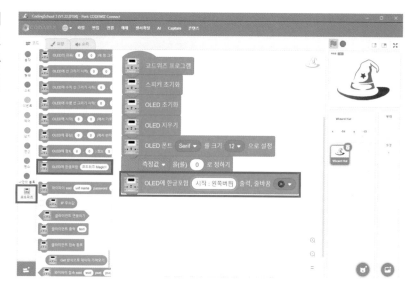

02 왼쪽 버튼을 눌러 측정 시작 준비하기

❶ 왼쪽 버튼이 눌릴 때까지 기다리기 위해 [제어] 카테고리의 무한 반복하기 블록을 아래에 연결하고 ~까지 기다리기 블록을 무한 반복하기 안에 끼워 넣습니다. [코드위즈] 카테고리의 스위치 버튼 left▼값 블록을 삽입합니다.

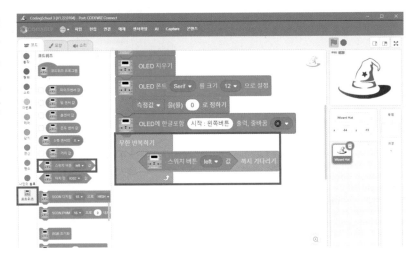

❷ 왼쪽 버튼이 눌리면 OLED에 초기값 (0.0cm)을 출력하기 위해 [코드위즈] 카테고리의 OLED 지우기 블록을 아래에 연결합니다. OLED 커서위치 (0,0) (으)로 지정·블록을 가져와 연결한 후 '40'과 '50'을 입력합니다.

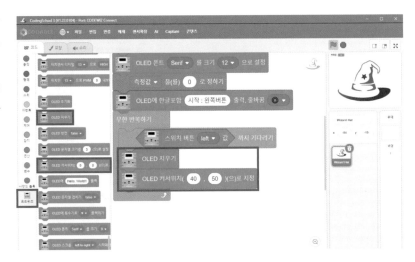

❸ [코드위즈] 카테고리의 OLED Hello, World!! 출력 블록을 연결한 후 '0.0cm'을 입력합니다. "삑"소리가 재생되도록 스피커 C▼음 4▼옥타브를 4▼분음표로 연주하기 블록을 아래에 연결하고 ▼를 눌러 '16'을 선택합니다.

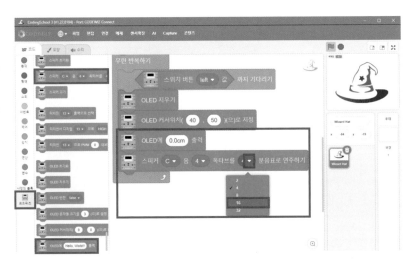

03 거리 측정하여 변수에 저장하고 표시하기

1 머리부터 바닥까지의 거리를 측정하여 변수에 저장하기 위해 [변수] 카테고리의 나의변수▼ 을(를) 0으로 정하기 블록을 아래에 연결한 후 ▼를 눌러 '측정값'을 선택합니다. [코드위즈] 카테고리의 거리 값 블록을 끼워넣습니다.

2 측정 완료음으로 "삐익" 소리를 재생하기 위해 [코드위즈] 카테고리의 스피커 C ▼음 4▼옥타브를 4▼분음표로 연주하기 블록을 연결하고 ▼를 눌러 '16'을 선택합니다.

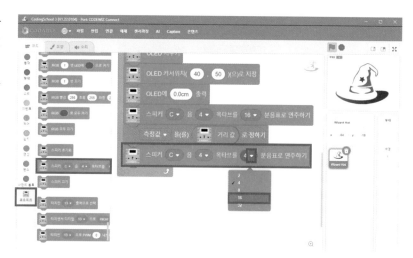

3 측정키 메시지를 표시하기 위해 [코드위즈] 카테고리의 OLED 지우기 블록과 OLED 커서위치 (0,0) (으)로 지정 블록을 가져와 연결한 후 '15'와 '5'를 입력합니다.

④ OLED에 한글포함 (코드위즈 Magic!!) 출력,줄바꿈O▼ 블록을 연결하고 '** 측정키**'를 입력합니다.

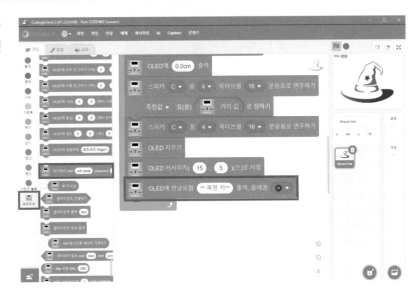

더 알아보기

OLED에 Hello, World!! 출력 블록 또는 OLED에 한글포함 코드위즈 Magic!! 출력, 줄바꿈 ⊙ 블록을 이용하여 메시지를 출력하는 경우 일반적으로 커서의 위치를 지정한 후 메시지를 출력합니다. 만약 메시지 출력 시 가로 위치만 지정해서 메시지를 출력하는 경우라면 커서 위치를 지정하지 않고 Space 바를 눌러 뛰어쓰기로 위치를 지정해도 됩니다.

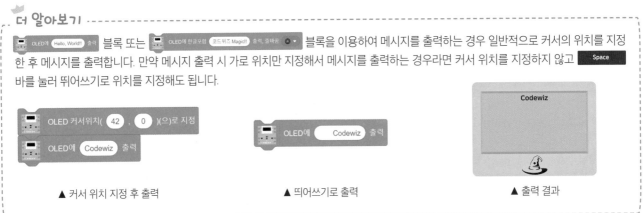

▲ 커서 위치 지정 후 출력   ▲ 띄어쓰기로 출력   ▲ 출력 결과

⑤ 측정값 출력 위치를 지정하기 위해 OLED 커서위치 (0,0) (으)로 지정 블록을 연결하고 '15','50'을 입력합니다. OLED에 Hello,World!! 출력 블록을 연결한 후 [연산] 카테고리의 apple 와(과) banana 결합하기 블록을 끼워 넣습니다.

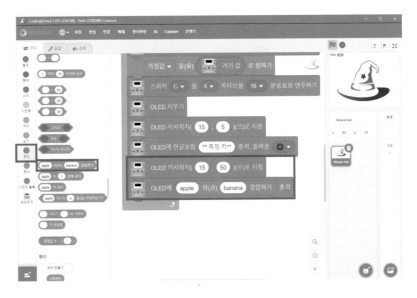

⑥ 측정값을 cm 단위로 변환하기 위해 [연산] 카테고리의 ( )÷( ) 블록을 왼쪽 값에 끼워 넣고 측정값 변수 블록과 '10'을 입력합니다. 오른쪽 값에 'cm'을 입력합니다.

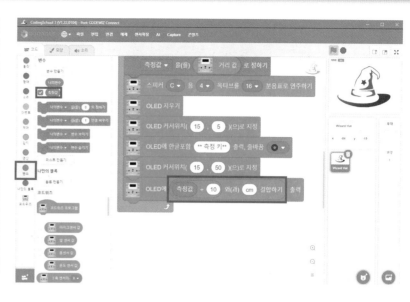

> 📖 **더 알아보기**
>
> **코드위즈의 거리 센서를 살펴봅시다.**
>
> 코드위즈의 거리 센서는 코드위즈와 물체 사이의 거리를 감지하여 mm단위로 측정합니다. 최대 2m(2000mm)까지 측정이 가능합니다.

⑦ 실행 결과를 확인하기 위해 코드위즈 프로그램 블록을 클릭합니다. OLED에 '시작:왼쪽버튼' 메시지가 표시되면 거리 측정을 위해 코드위즈의 왼쪽 버튼을 눌러봅니다. 결과가 cm 단위로 변환되어 표시되는지 확인합니다.

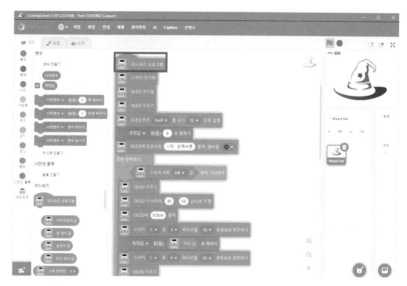

⑧ 실행 결과에 문제가 없다면 [편집]-[스케치모드 켜기] 메뉴를 클릭한 후 [업로드] 버튼을 눌러 코드를 업로드 합니다.

04 사각기둥 만들어 키 측정기 완성하기(메이킹)

① 키 측정기 도안(부록), 우드락(또는 박스), 글루건, 테이프, 칼, 자, 고무줄등을 준비합니다. 준비된 우드락에 전개도를 붙입니다.

② 선 부분에 자를 대고 칼을 이용하여 그림과 같이 살짝 자른 후 접어줍니다.

③ 사각기둥이 되도록 그림과 같이 글루건을 사용해 붙여줍니다.

 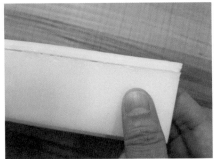

④ 사진과 같이 고무줄을 사용해 코드위즈 보드를 끝 부분에 부착한 후 건전지를 연결하여 키 측정기를 완성합니다. (건전지 케이스는 안쪽에 넣어주세요). 머리 위에 키 측정기를 올리고 코드위즈의 왼쪽 버튼을 눌러 키를 측정해봅니다.

 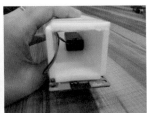 

코드위즈의 거리 센서로 여러분의 키를 측정하는 키 측정기를 만들고 키를 측정해 보았습니다. 키 측정기는 키 뿐만 아니라 일반적인 거리 측정기로도 활용할 수 있습니다. 거리 센서로 측정된 거리 값은 mm 단위로 측정됩니다. 만약 미터(m) 단위로 바꾸어 출력하려면 어떻게 코드를 작성해야 할까요? (10mm=1cm=0.01m)

직접 구현해보기

cm 단위로 표시되는 화면 아래에 M 단위도 표시되도록 하려면 mm로 측정된 측정값을 1000으로 나누는 수식을 추가하여 코드를 작성해야 합니다. OLED에 모든 값을 한 화면에 출력하여 확인할 수 있도록 글자 크기를 9로 수정합니다.

▶ 시작파일 : 6장_키측정기.sb3
▶ 완성파일 : 6장_키측정기_생각더하기.sb3

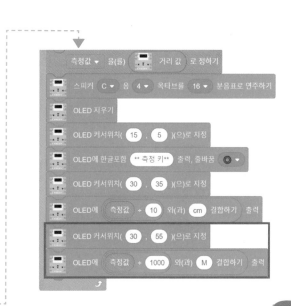

7 층간 소음 매니저 만들기

코드위즈의 마이크 센서에 감지된 소음 값에 따라 소음의 정도를 이모티콘으로 나타내는 층간 소음 측정기를 만들어봅니다. 네오 RGB LED의 색이나 부저 소리로 소음의 정도를 표시할 수도 있습니다. (*층간 소음이란 아파트에서 흔히 일어나는 일로 듣기 싫은 소리가 들려 불편한 것을 말합니다. 요즘은 층간 소음 때문에 주민들끼리 다투는 경우가 빈번히 발생합니다.)

무얼 배울까요?

• 마이크 센서 값 블록으로 소음 값 변화를 확인할 수 있어요.

• 조건문을 활용할 수 있어요.

• 변수를 선언하고 활용할 수 있어요.

• OLED에 도형을 출력하여 이모티콘을 만들 수 있어요.

▶ 완성파일 : 7장_층간소음매니저.sb3

먼저 실행해봤어요

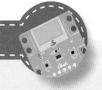

마이크 센서가 소음을 감지해 소음 값에 따라 OLED에 이모티콘이 출력되고 네오 RGB LED가 켜집니다.

코딩 개념 순서도

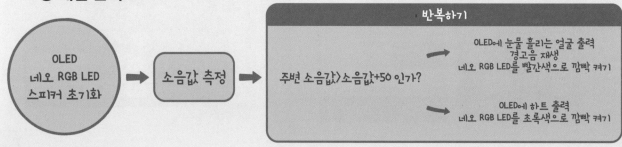

OLED
네오 RGB LED
스피커 초기화
→ 소음값 측정 → 주변 소음값>소음값+50 인가?

반복하기

→ OLED에 눈물 흘리는 얼굴 출력
경고음 재생
네오 RGB LED를 빨간색으로 깜빡 켜기

→ OLED에 하트 출력
네오 RGB LED를 초록색으로 깜빡 켜기

소방관들이 직접 들어가기 어려운 상황에 대신 들어가서 불을 끄는 로봇이 있습니다. 실내 화재의 경우 500℃ 이상의 고온에서는 소방관들이 화재 진압을 하기 어렵지만, 로봇 소방관은 열화상 카메라와 자체 냉각 구조를 갖추고 있어 소방관을 대신하여 화재를 진압합니다. 여러분도 위험한 화재 현장에 투입되는 원격 조종 무인 차량이나 로봇처럼 인간을 대신해 어려운 일을 하는 다양한 매개체를 생각해 볼 수 있을까요?

발명의 원리 '매개체(Mediator)' 에 대해 알아보아요.

어떤 일을 직접 하기 어려울 때 다른 사람의 도움을 받는 것처럼, 매개체는 어떤 일을 직접 하지 않고 중간 매개체에게 위임하는 원리입니다. 고무장갑처럼 대상을 보호하거나 편의성이 목적인 것도 있습니다. 대신하게 만들기(매개체)를 이용한 발명품에는 어떤 것들이 있을까요?

▲ 주방용 장갑

▲ 픽토그램

▲ 셀카봉

1. 프로그램을 작성하기 위해 [코드위즈] 카테고리를 클릭한 후 코드위즈 프로그램 블록을 가져옵니다. 네오 RGB LED를 초기화하기 위해 RGB 초기화 블록을 연결합니다.

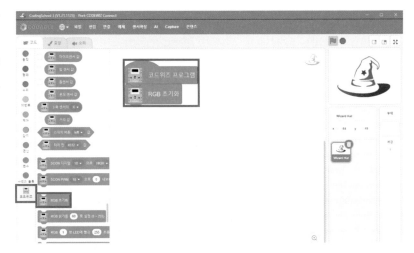

2. 스피커로 소리를 출력할 수 있도록 스피커 초기화 블록을 가져와 연결합니다.

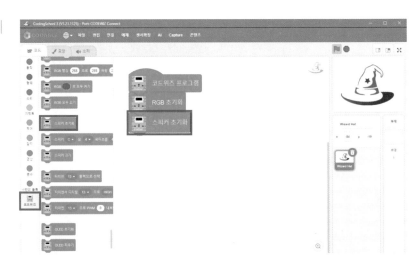

3. OLED에 도형을 출력하기 위해 OLED 초기화 블록을 가져와 연결합니다.

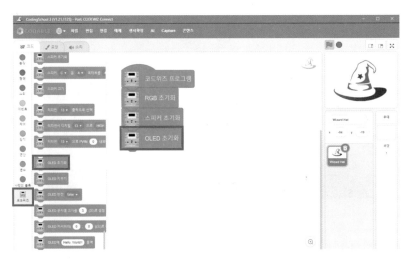

02 소음 값을 저장할 변수 선언하여 값 지정하기

① 마이크 센서값을 저장할 변수를 선언하기 위해 [변수] 카테고리의 [변수 만들기]를 클릭합니다. [새로운 변수 이름] 입력란에 '소음값' 을 입력한 후 [확인] 버튼을 클릭합니다.

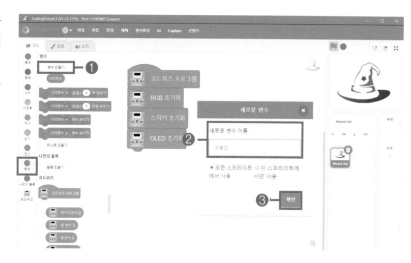

② '소음값' 변수 값을 마이크 센서 값으로 정하기 위해 [변수] 카테고리의 나의변수 ▼ 을(를) 0로 정하기 블록을 가져와 ▼를 눌러 '소음값'을 선택합니다. [코드위즈] 카테고리의 마이크센서 값 블록을 끼워 넣습니다.

더 알아보기

마이크센서 값 의 체크박스를 선택하면 무대에서 마이크 센서 값의 변화를 확인할 수 있습니다.

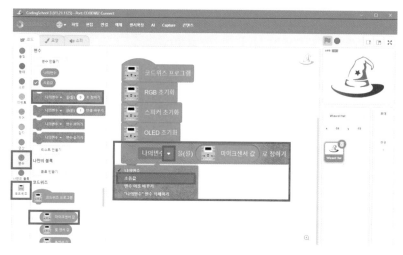

③ 프로그램을 처음 실행했을 때의 주변 소음값을 측정하여 초기값으로 설정하고 5초가 지나도록 [제어] 카테고리에서 1초 기다리기 블록을 아래에 연결합니다. '5'를 입력합니다.

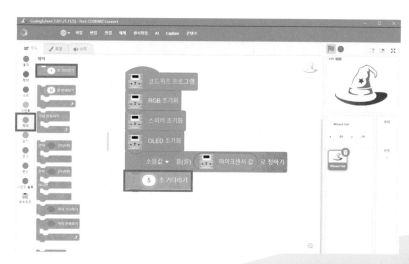

03 소음 값 변화에 따른 조건문 만들기

❶ [제어] 카테고리의 무한 반복하기 블록을 아래에 연결하고 만약 ~ (이)라면 아니면 블록을 무한 반복하기 안에 끼워 넣습니다. 마이크 센서 값을 비교하기 위해 [연산] 카테고리의 ( )>50 블록을 (이)라면 안에 넣어줍니다.

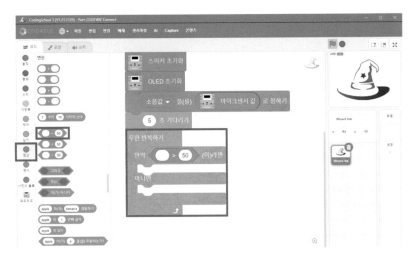

❷ 현재 마이크 센서 값이 초기값으로 지정된 '소음값' 변수+50 보다 크면 소음으로 판단하기 위해 마이크 센서 값 블록을 ( )>50 블록의 왼쪽 입력란에 끼워 넣습니다.

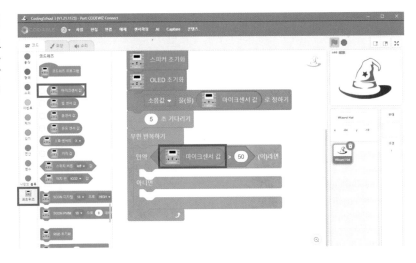

❸ [연산] 카테고리의 ( )+( ) 블록을 (마이크 센서 값)>50 블록의 오른쪽 입력란에 끼워 넣습니다. ( )+( ) 블록의 왼쪽에는 [변수] 카테고리의 소음값 블록을 끼워 넣고 오른쪽에는 '50'을 입력합니다.

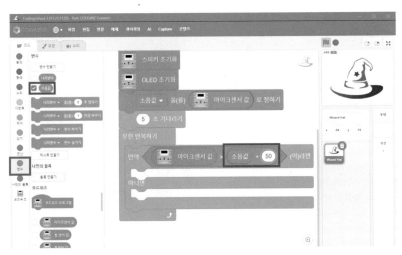

04 OLED에 '소음 값 나쁨 이모티콘' 나타내기

① OLED 지우기 블록을 가져와 연결합니다. 타원이 출력되는 위치를 정하기 위해 OLED에 중심 (0,0)에서 반지름 (0) 인 원 그리기(채우기 false▼) 색 white▼지정 블록을 가져와 중심 값에 '60', '30', 반지름 값에 '30'을 입력합니다.

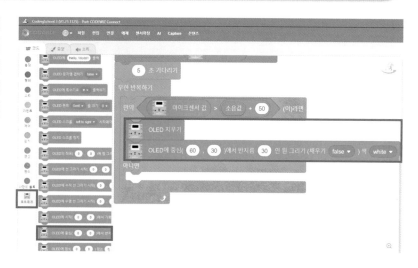

② OLED에 수평 선 그리기 시작(0,0) 길이 (10) 색 white▼ 블록을 가져와 시작 값에 '40','20', 길이 값에 '15'를 입력합니다.

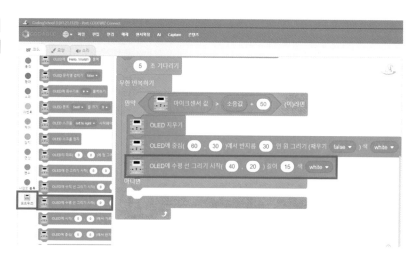

③ OLED에 수평 선 그리기 시작(0,0) 길이 (10) 색 white▼ 블록을 가져와 시작 값에 '65' ,'20', 길이 값에 '15'를 입력합니다.

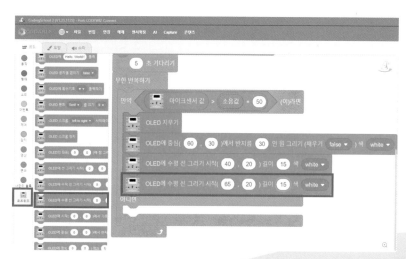

더 알아보기

이모티콘이 무엇인가요?

이모티콘 (emoticon) 이란 컴퓨터나 휴대 전화의 문자와 기호, 숫자 등을 조합하여 만든 그림 문자로 감정이나 느낌을 전달할 때 사용하는 것을 말합니다.

④ OLED에 수직 선 그리기 시작(0,0) 길이 (10) 색 white▼ 블록을 가져와 연결하고 시작 값에 '50', '20'을 입력하고 길이 값에 '20'을 입력합니다.

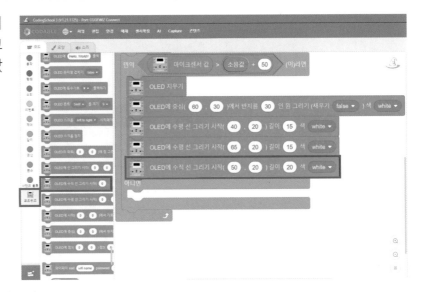

⑤ OLED에 수직 선 그리기 시작(0,0) 길이 (10) 색 white▼ 블록을 세 번 가져와 아래에 연결합니다. 시작 값에 '43', '20', '68', '20', '75', '20'을 입력합니다. 길이 값에는 모두 '20'을 입력합니다.

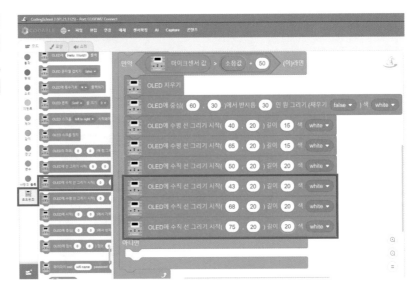

⑥ 경고음이 울릴 수 있도록 스피커 C▼음 4▼ 옥타브를 4▼분음표로 연주하기 블록을 가져와 연결하고 ▼를 눌러 'B'음 '3'옥타브를 지정합니다.

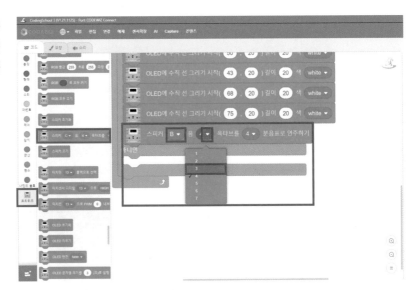

05 네오 RGB LED 깜박거리게 만들기

① [제어] 카테고리에서 10번 반복하기 블록을 가져와 아래에 연결하고 RGB ●로 모두 켜기 블록을 가져와 연결합니다.

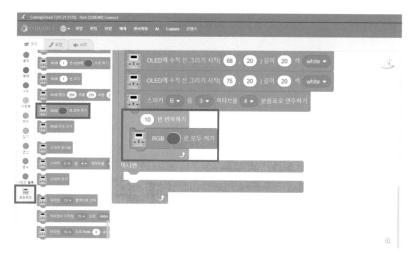

② 1초 기다리기 블록을 가져와 연결하고 '0.5'를 입력합니다.

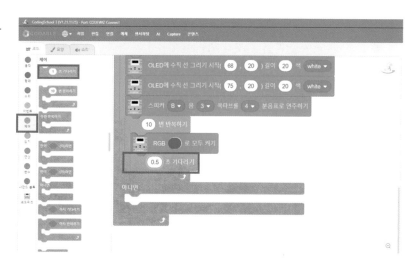

③ 켜진 네오 RGB LED가 0.5초 간격으로 꺼지도록 지정하기 위해 RGB 모두 끄기 블록을 가져와 연결합니다. 1초 기다리기 블록을 가져와 연결하고 '0.5'를 입력합니다.

06 OLED에 '하트' 모양 나타내기

① OLED 지우기 블록을 가져와 아니면 블록 내부에 삽입합니다. OLED 문자열 크기를 (3)(으)로 설정 블록을 아래에 연결하고 '5'를 입력합니다. 하트가 출력될 위치를 지정하기 위해 OLED에 커서위치 (0,0) (으)로 지정 블록을 연결하고 '50', '15'를 입력합니다. OLED에 특수기호♥▼ 출력하기 블록을 가져와 연결합니다.

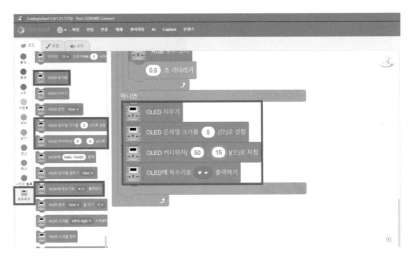

② 초록색 네오 RGB LED가 켜지도록 RGB ●로 모두 켜기 블록을 가져와 끼워 넣고 ●을 클릭하여 ● 색을 선택합니다. 1초 기다리기 블록을 아래에 연결합니다.

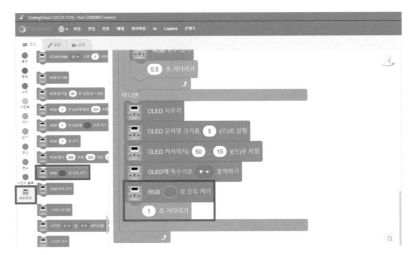

③ 코드위즈 프로그램 블록을 클릭한 후 소음 크기에 따라 이모티콘이 표시되고 네오 RGB LED가 켜지는지 확인합니다. 실행 결과에 문제가 없다면 [편집]-[스케치 모드 켜기] 메뉴 클릭한 후 [업로드] 버튼을 눌러 코드를 업로드 합니다.

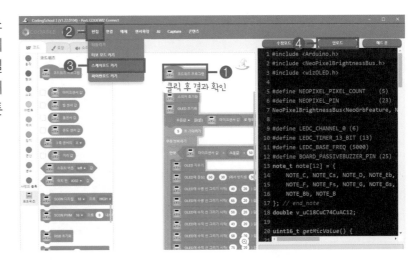

현재 주변의 기본 소음 크기를 확인하고 소음을 측정한 후 측정된 소음이 기본 소음보다 +50이면 OLED에 우는 이모티콘을 출력하고 네오 RGB LED가 빨간색으로 깜빡거립니다. 측정된 소음이 기본 소음 값 +50이 아니라면 OLED에 하트가 출력됩니다. 측정된 소음 값이 +50이 아니라면 웃는 이모티콘이 출력되도록 원 그리기 블록을 이용하여 코드를 추가해 볼 수 있을까요?

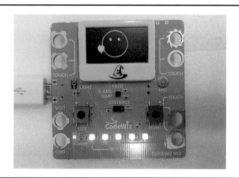

직접 구현해보기

OLED에 중심 (0,0)에서 반지름 (0) 인 원 그리기(채우기 false▼) 색 white▼지정 블록으로 동그란 얼굴이 표시되도록 코드를 수정 작성해봅니다. 하트의 크기와 위치도 완성된 이미지를 참조하여 변경해봅니다.

▶ 시작파일 : 7장_층간소음매니저.sb3
▶ 완성파일 : 7장_층간소음매니저_생각더하기.sb3

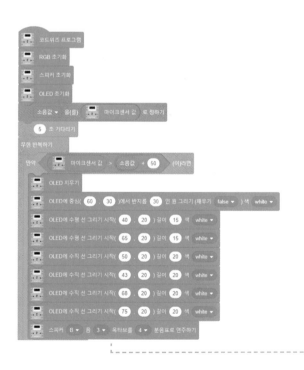

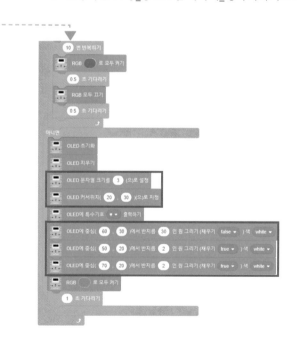

8 양치 타이머 만들기

코드위즈의 왼쪽 버튼을 누르면 설정된 시간만큼 OLED에 Progress Bar(진행 막대)가 출력되고
종료 시 알림을 주어 올바른 양치 습관 기르기에 도움을 줄 수 있는 양치 타이머를 만들어 봅니다.

무얼 배울까요?

• 변수 블록을 사용하여 타이머 기능을 만들 수 있어요.

• OLED에 가로 Progress Bar(진행막대) 도형을 연속적으로 출력할 수 있어요.

• OLED에 한글 텍스트를 출력할 수 있어요.

▶ 완성파일 : 8장_양치타이머.sb3

먼저 실행해봤어요

코드위즈의 왼쪽 버튼을 누르면 OLED에 '치카치카 시작' 메시지가 출력되면서 타이머가 시작되어 Progress Bar(진행바)가
출력되고 60초가 지나면 양치질 종료 신호음을 울리며 타이머가 종료됩니다

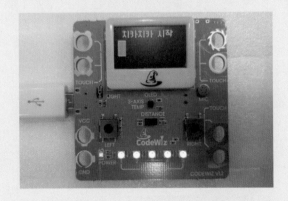
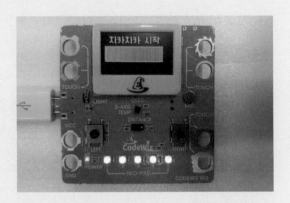

코딩 개념 순서도

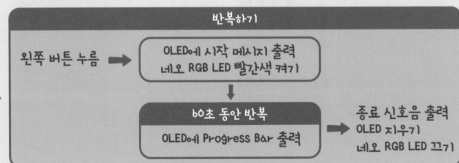

장애인들이나 몸이 불편한 사람 등 교통약자의 이동 편의 보장을 위해 저상버스 보급이 진행되었지만, 버스 내부에 설치된 카드 단말기의 위치가 제각각이어서 특히 시각 장애인이 많은 어려움을 겪고 있습니다. 또 하차벨의 위치도 알 수 없어 버스를 타고 내릴 때마다 부담과 큰 불편함이 이어지고 있습니다.

역지사지(易地思之: 상대편의 처지나 입장에서 먼저 생각해 보고 이해하라는 뜻)의 관점으로 시각 장애인의 눈높이에 맞추어 사용하려면 여러분들은 이 문제를 어떤 방법으로 해결할 수 있을까요?

발명의 원리 '높이 맞추기(Equipotentiallity)'에 대해 알아보아요.

높이 맞추기란 효과적인 자원을 이용해 환경을 변화시켜 상대방의 눈높이에 요구되는 수준을 맞추는 원리입니다. 병원 침대, 어린이용 발판, 높이 조절 의자, 애견 카페 등 사용자가 사용하기 쉽게 환경을 바꾸어 물리적인 높이뿐만 아니라 심리적인 높이를 맞추는 것도 포함됩니다.

생활 속에서 '높이 맞추기' 가 적용된 예들을 발견해 봅니다.

💡여러분의 생각을 적거나 그려주세요

사진을 찍지 마세요
please refrain from taking photos
寫眞はご遠慮ください

▲ 외국인을 위한 다국어 안내판

77

01 센서 초기화하기

❶ 프로그램을 작성하기 위해 [코드위즈] 카테고리를 클릭한 후 코드위즈 프로그램 블록을 가져옵니다. [코드위즈] 카테고리의 스피커 초기화 블록, RGB 초기화 블록과 RGB 모두 끄기 블록을 연결합니다.

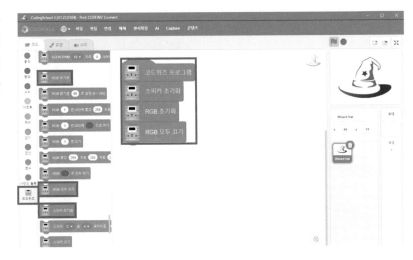

❷ 메시지 출력을 위해 RGB 모두 끄기 블록 아래에 OLED 초기화 블록을 연결합니다. 프로그램 실행 전에 OLED에 남아있는 이미지를 지우기 위해 OLED 지우기 블록을 연결합니다.

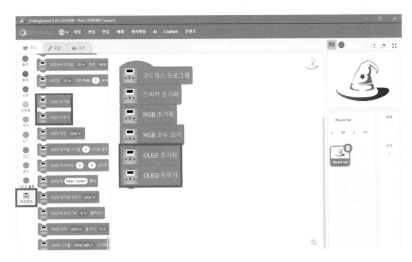

❸ 왼쪽 버튼이 눌렸는지 판단하기 위해 [제어] 카테고리의 무한 반복하기 블록을 아래에 연결하고 ~ 까지 기다리기 블록을 무한 반복하기 안에 끼워 넣습니다. [코드위즈] 카테고리의 스위치 버튼 left▼값 블록을 삽입합니다.

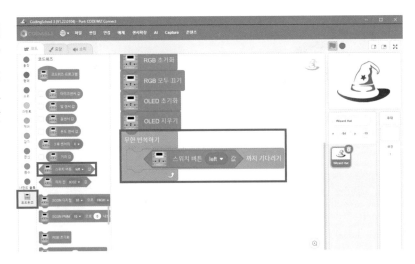

02 시간 변수 초기화하고 시작 문구 출력하기

① 시간 값을 저장할 변수를 만들기 위해 [변수] 카테고리의 [변수 만들기] 버튼을 클릭합니다. 새로운 변수 이름 입력란에 '시간'을 입력하고 [확인] 버튼을 클릭합니다.

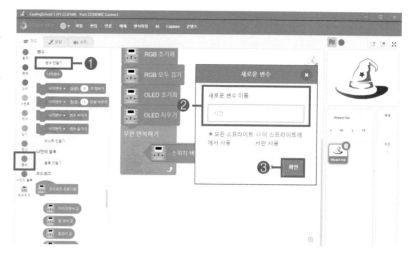

② 나의 변수▼을(를) 0로 정하기 블록을 가져와 연결한 후 ▼을 눌러 '시간'을 선택합니다.

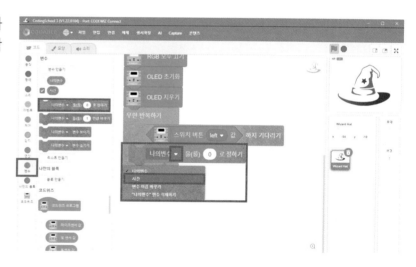

③ 시작 문구를 OLED에 출력하기 위해 [코드위즈] 카테고리의 OLED에 한글포함(코드위즈 Magic!!) 출력, 줄바꿈O▼ 블록을 가져와 ' 치카치카 시작'을 입력합니다.

03 Progress Bar(진행 막대) 출력하기

① 네오 RGB LED을 빨간색으로 켜서 시작을 알리기 위해 RGB ●로 모두 켜기 블록을 연결합니다.

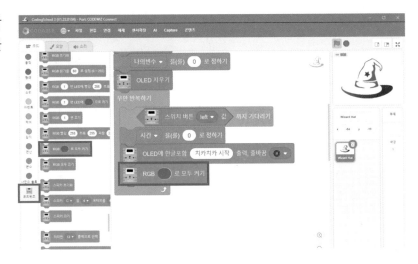

② 60초 동안 진행 막대가 출력되도록 하기 위해 ~ 까지 반복하기 블록을 연결합니다. [연산] 카테고리의 ( )>50 블록을 끼워 넣고 왼쪽 값에는 [변수] 카테고리의 시간 블록을 끼워 넣고 오른쪽 값에는 '60'을 입력합니다.

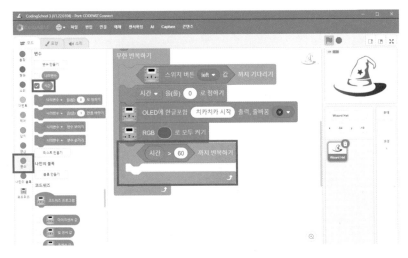

③ 1초 경과 후 [시간] 변수 값이 1씩 증가 되도록 지정하기 위해 1초 기다리기 블록을 연결합니다. 나의 변수▼을(를) 1만큼 바꾸기 블록을 가져와 연결한 후 ▼을 눌러 '시간'을 선택합니다.

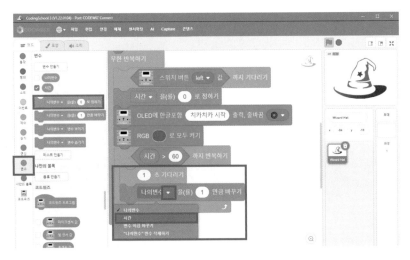

④ 진행막대를 출력하기 위해 OLED에 시작 (0,0)에서 가로 (0) 세로 (0) 인 직사각형 그리기(채우기 false▼) 색 white▼ 블록을 가져와 시작 값에 '0', '20'을 입력합니다.

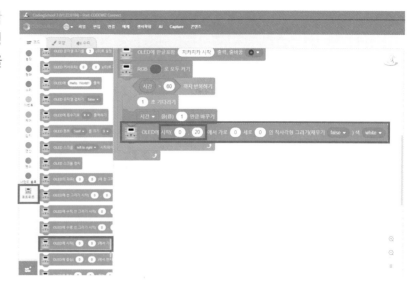

⑤ 세로 크기는 30, 그려지는 가로 크기는 경과된 시간*2 한 크기로 직사각형을 그리기 위해 세로값에는 '30'을 입력합니다. 가로 값에는 [연산] 카테고리의 ( )x( ) 블록을 삽입한 후 시간 변수 블록과 '2'를 입력합니다.

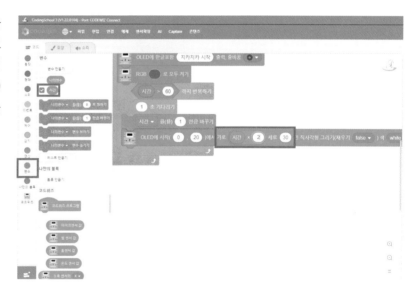

👆 더 알아보기

블록은 OLED의 (0,20) 좌표에서 1초마다 X 좌표값이 시간의 2배가 되는 길이의 사각형을 그립니다. 즉 1초가 경과 되면 가로 길이가 2인 직사각형, 2초가 경과 되면 가로 길이가 4인 직사각형을 그리며, 60초가 경과 되면 가로 길이가 120인 직사각형을 그려 진행 막대를 그리게 됩니다. 채우기 항목 값이 'false'로 지정되어 있어 사각형의 테두리만 그려집니다.

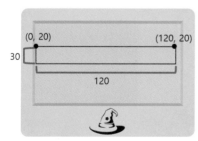

<진행막대의 시작점과 끝점>

<1초 경과 된 경우>

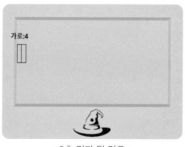

<2초 경과 된 경우>

04 시간 종료 후 종료 알림음 재생하고 끄기

① 60초가 지나면 "삑삑삑"과 같이 종료 알림음을 재생하기 위해 10번 반복하기 블록을 아래에 연결한 후 '3'을 입력합니다. 스피커 C▼음 4▼옥타브를 4▼분음표로 연주하기 블록을 3번 반복하기 블록안에 연결합니다.

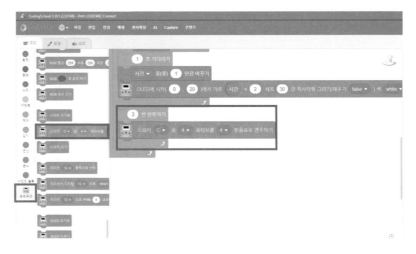

② 알림음 재생이 완료되면 OLED와 네오 RGB LED를 초기화 하기 위해 OLED 지우기 블록과 RGB 모두 끄기 블록을 아래에 연결합니다.

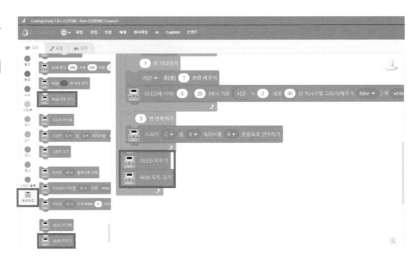

③ 코드위즈 프로그램 블록을 클릭하여 실행 결과를 확인해봅니다. 실행 결과에 문제가 없다면 [편집]-[스케치모드 켜기] 메뉴 클릭한 후 [업로드] 버튼을 눌러 코드를 업로드합니다.

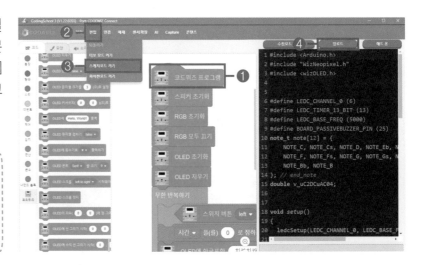

┌─ 더 알아보기 ──────────────
  실제 양치질을 할 때 사용하려면 외장 배터리나 배터리 홀더를 연결한 후 물이 코드위즈 보드에 들어가지 않도록 지퍼백에 넣어 실행시켜 봅니다.
└──────────────────────

양치 시간을 1분(60초)로 지정하여 Progress Bar(진행 막대)와 지정된 시간이 경과되면 알림음이 재생되는 양치 타이머를 만들어 보았습니다. 양치 시간뿐만 아니라 진행 막대 스타일 그리고 종료 메시지도 출력되도록 코드를 수정해 볼까요?

2분 동안 Progress Bar 출력이 진행되게 코딩하려면 어떻게 해야 할까요?

Progress Bar가 끊어지지 않고 색이 채워지는 것처럼 수정할 수 있을까요?

종료 후 종료 메시지도 출력할 수 있을까요?

직접 구현해보기

양치 시간을 2분으로 지정하려면 반복 조건 값을 120으로 변경해야 합니다. OLED의 가로 길이가 128 픽셀이므로 120초 동안 120길이의 가로 그래프를 그리려면 1초에 가로가 1인 직사각형을 그려야 합니다. 직사각형에 색이 채워지도록 지정하기 위해 OLED에 ~ 직사각형 그리기(채우기 false▼)색 white▼ 블록의 채우기 옵션을 'true'로 지정합니다.

▶ 시작파일 : 8장_양치타이머.sb3
▶ 완성파일 : 8장_양치타이머_생각더하기.sb3

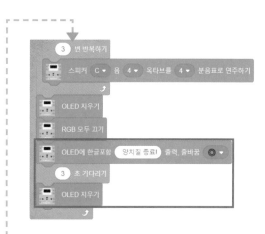

9 멀티 프로필 만들기

코드위즈에 부착된 블루투스를 사용하여 코드위즈와 스마트폰을 연결한 후 OLED에 다양한 프로필이 출력되도록 코드를 작성해 봅니다.

무얼 배울까요?

• 블루투스와 스마트폰을 연결하여 통신할 수 있어요.

• 변수를 사용하여 블루투스로 수신한 값을 저장할 수 있어요.

• OLED에 출력되는 글자를 스마트폰으로 제어할 수 있어요.

▶ 완성파일 : 9장_멀티프로필.sb3

먼저 실행해봤어요

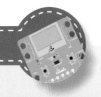

스마트폰의 블루투스 기능을 켠 후 앱을 실행하여 숫자 신호를 보내면 입력하는 숫자 신호에 따라 코드위즈의 OLED에 프로필 명함이 다양하게 바뀌도록 제어할 수 있어요.

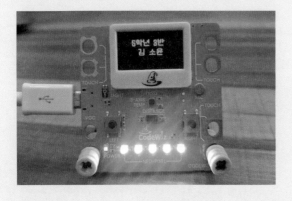
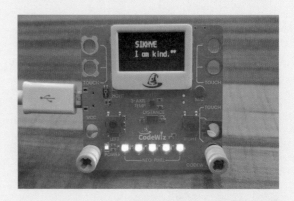

코딩 개념 순서도

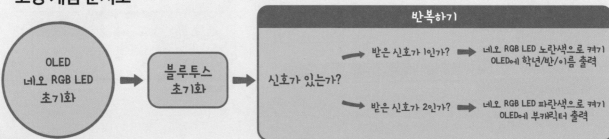

여러분들은 토요일 예능 프로그램에서 본캐(본래의 캐릭터)와 부캐(새로운 캐릭터)로 불리며 매회 다양한 인물로 변신하는 연예인을 본 적이 있나요? 최근 가상공간에서 자신의 아바타를 통해 소통하며 실제 현실과 같은 새로운 경험과 활동을 할 수 있는 메타버스(Metaverse)가 확산되고 있어 자신들을 '본캐릭터' 와 '부캐릭터'로 나누어 자유롭게 넘나들며 즐기는 것이 하나의 문화가 되었습니다. 여러분들이 이런 부캐릭터를 가진다면 어떤 이름과 스타일, 성격을 가지고 싶나요? 또 그 캐릭터로 가상세계에서 어떤 참여를 할 수 있을까요?

* 메타버스(Metaverse)가 무엇인가요?

'초월' 이라는 의미의 '메타(Meta)' 와 우주를 뜻하는 '유니버스(Universe)' 의 합성어로, 자신의 아바타를 통해 게임이나 가상현실을 즐길 뿐 아니라 실제 현실과 같은 사회·문화적 활동을 할 수 있는 3차원 가상세계를 뜻합니다.

발명의 원리 '차원 변경(Another Dimension)'에 대해 알아보아요.

1차원에서 2차원으로 다시 3차원으로 바꾸어 공간을 확장하고 다른 각도에서 바라보도록 하여 문제를 해결하는 발명 원리입니다. 운전자가 운전석에서 벗어나 자유롭게 움직이게 해주는 자율주행차 시트, 라디오도 볼 수 있다는 생각에서 시작된 보이는 라디오, 2D 프린터가 활자나 그림을 인쇄하듯 3차원의 입체물건을 만들어내는 3D프린터 등 많은 예가 있으며 비기술적인 측면에서도 다른 시각에서 차원 변경이 가능합니다.

다른 차원(1차원-2차원-3차원)으로 변경이 가능한 자신의 명함을 설계해 볼까요?

♟️ 여러분의 생각을 적거나 그려주세요

▲ 2차원 QR코드 명함과 종이 명함

01 블루투스 앱 설치하기

① 스마트폰의 키보드로 입력한 데이터 값을 받아들여 블루투스 장치로 전송할 수 있는 앱을 설치해야 합니다. 플레이스토어에 접속한 후 플레이스토어에 검색창에 'Serial Bluetooth Terminal'을 검색합니다. 검색된 목록에서 "Serial Bluetooth Terminal"을 선택합니다.

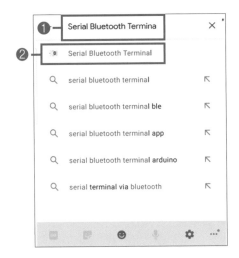

② 앱을 설치하기 위해 [설치] 버튼을 누릅니다.

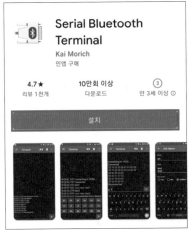
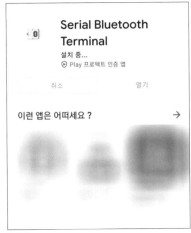

③ 설치가 완료되면 스마트폰 바탕화면에 [Serial Bluetooth Terminal] 아이콘이 생성되었는지 확인합니다.

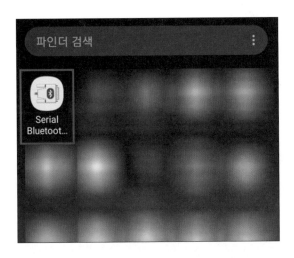

02 센서 초기화하기

① 프로그램을 작성하기 위해 [코드위즈] 카테고리를 클릭한 후 코드위즈 프로그램 블록을 가져옵니다. 네오 RGB LED를 초기화하기 위해 RGB 초기화 블록을 가져와 아래에 연결합니다.

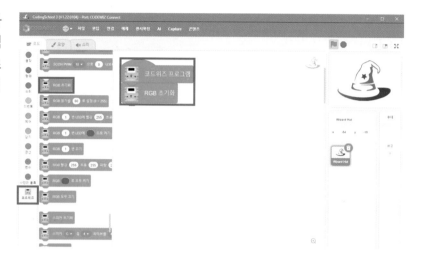

② OLED를 초기화하고 출력되는 코드위즈 이미지를 지우기 위해 OLED 초기화 블록과 OLED 지우기 블록을 가져와 연결합니다.

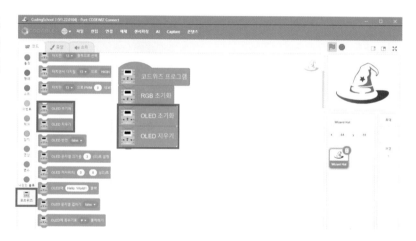

③ 블루투스 초기화 이름을 선언하기 위해 블루투스 초기화 이름 codewiz 블록을 아래에 연결합니다. 'codeiwz01'을 입력합니다.

> **더 알아보기**
>
> 블루투스 초기화 이름 codewiz 블록에 지정하는 이름은 스마트폰의 블루투스 기능을 켰을 때 연결 가능한 디바이스 목록에 표시되는 이름입니다. 영문자와 숫자를 이용해서 지정할 수 있으며 영문자는 대소문자를 구분합니다.

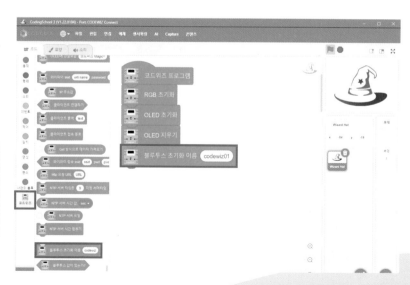

① [제어] 카테고리에서 무한 반복하기 블록을 아래에 연결합니다. 블루투스로 전송된 값이 있는지 판단하기 위해 만약 ~ (이)라면 블록을 연결한 후 블루투스 값이 있는가? 블록을 끼워 넣습니다.

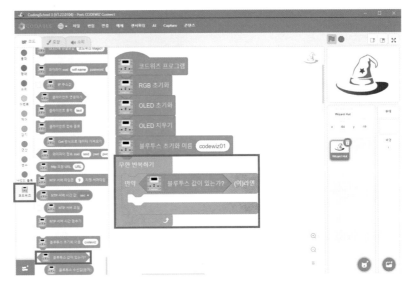

② 블루투스로 전송된 값을 저장할 변수를 선언하기 위해 [변수] 카테고리의 [변수 만들기]를 클릭합니다. [새로운 변수 이름] 입력란에 '캐릭터'를 입력하고 [확인] 버튼을 클릭합니다.

③ [변수] 카테고리의 나의변수▼을(를) 0으로 정하기 블록을 끼워 넣습니다. ▼를 눌러 '캐릭터'를 선택하고 [코드위즈] 카테고리의 블루투스 수신값(문자) 블록을 끼워 넣습니다.

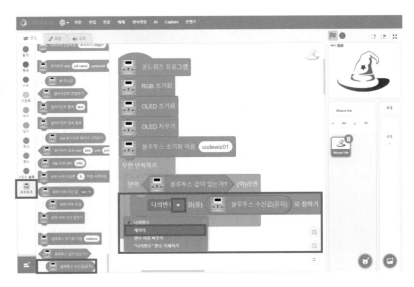

04 수신 값에 따라 다른 프로필 출력하기

① 스마트폰에서 블루투스로 보낸 값이 1인지 비교하기 위해 만약 ~ (이)라면 블록을 정하기 블록 아래에 연결합니다. [연산] 카테고리의 ( )=50 블록을 끼워 넣은 후 왼쪽 값에 캐릭터 변수 블록, 오른쪽 값에 '1'을 입력합니다.

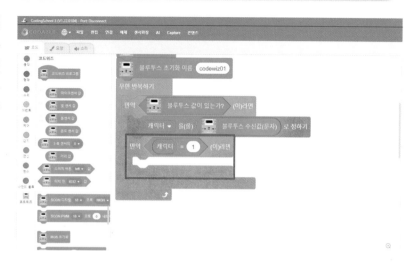

② 수신 값이 1이면 네오 RGB LED를 노란색으로 켜기 위해 RGB ●로 모두 켜기 블록을 가져와 연결하고 ●을 클릭하여 ● 색으로 변경합니다.

③ 학년과 반 출력 위치를 지정하기 위해 OLED 지우기 블록과 LED 커서위치 (0, 0) (으)로 지정 블록을 연결하고 '25'와 '10'을 입력합니다. OLED에 한글포함 (코드위즈 Magic!!) 출력, 줄바꿈O▼ 블록을 연결하고 자신의 학년과 반을 입력합니다.

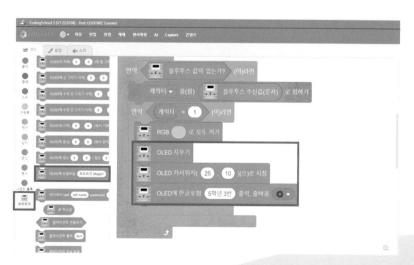

④ 1초 기다리기 블록을 아래에 연결합니다. 아래 줄에 자신의 이름을 출력할 위치를 지정하기 위해 OLED 커서위치 (0,0) (으)로 지정 블록을 연결한 후 '25'와 '30'을 입력합니다.

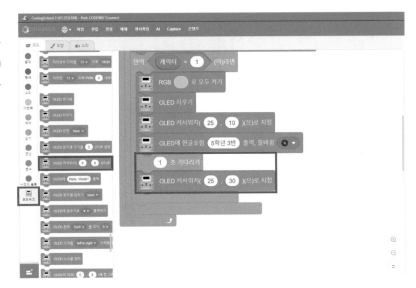

⑤ 이름을 입력하기 위해 OLED에 (한글포함 코드위즈 Magic!!) 출력, 줄바꿈O▼ 블록을 연결하고 이름을 입력합니다.

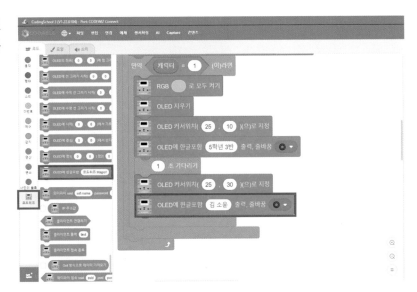

⑥ OLED에 출력된 이름을 이동시키기 위해 OLED 스크롤 left to right▼시작페이지(0), 종료페이지(0) 블록을 가져와 시작페이지는 '3', 종료페이지는 '8'로 지정합니다.

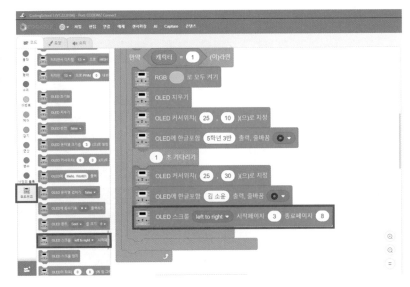

⑦ 수신 값이 2인 경우를 판단하기 위한 코드를 복사하기 위해 만약 ~ (이)라면 블록을 마우스 오른쪽 버튼으로 클릭한 후 [복사하기] 메뉴를 클릭합니다.

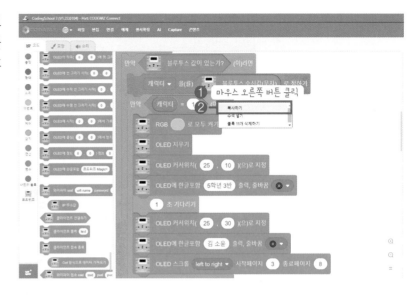

⑧ 복사된 명령 블록을 드래그하여 (이)라면 블록 아래에 연결합니다.

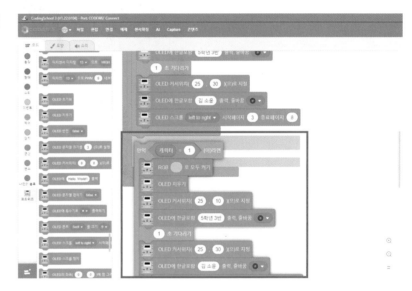

⑨ 비교값을 '2'로 변경 입력합니다. RGB ●로 모두 켜기 블록에서 ●를 클릭하여 ● 색을 선택합니다.

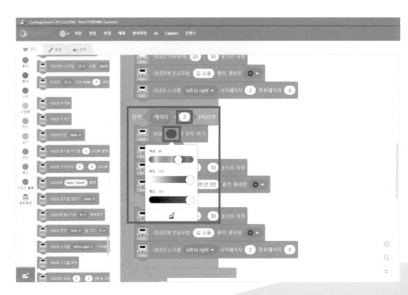

⑩ OLED 커서위치 값을 '30', '10'으로 수정합니다. 학년 반을 자신의 부캐명으로 수정 입력합니다. 이름 입력란에 'I am kind.'를 수정 입력합니다.

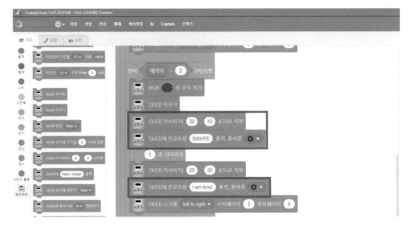

더 알아보기

자신의 부캐릭터명, 성격, 특징을 자유롭게 넣어주어도 됩니다.

I'm brave.

I'm positive.

⑪ ♥ 기호를 "I am kind." 옆에 출력되도록 지정하기 위해 OLED에 한글포함 I am kind. 출력, 줄바꿈O▼ 블록의 ▼을 클릭한 후 'X'를 선택합니다.

⑫ OLED에 특수기호 ♥▼출력하기 블록을 가져와 OLED에 한글포함 I am kind. 출력, 줄바꿈X▼ 블록 아래에 끼워 넣습니다. OLED에 특수기호 ♥▼출력하기 블록을 가져와 한번 더 끼워 넣습니다.

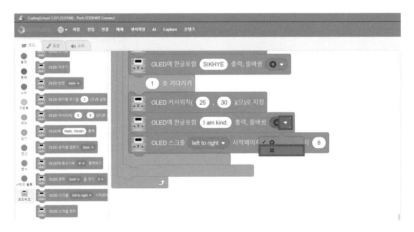

05 스마트폰과 블루투스 연결하여 결과 확인하기

① 코드위즈 프로그램을 클릭해서 실행합니다.

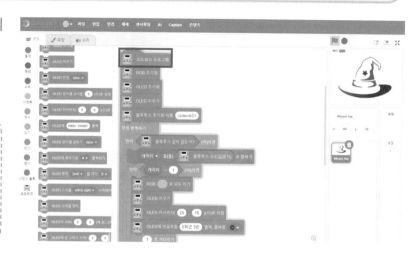

더 알아보기

작성한 코드를 업로드 하려면 블루투스로 전송받은 신호값에 작은 따옴표를 붙여야 합니다. 1과 2에 작음 따옴표를 추가하여 `캐릭터 = '1'` `캐릭터 = '2'` 와 같이 수정한 후 업로드합니다.

② 스마트폰의 블루투스 기능을 켭니다. 연결 가능한 디바이스 목록이 표시되면 설정한 블루투스 이름 'codewiz01' 이 표시되는지 확인합니다. 이름이 표시되면 등록을 위해 'codewiz01'을 선택합니다.

③ 연결 요청 메시지가 표시되면 [확인] 버튼을 눌러 codewiz01 디바이스와 연결을 완료합니다.

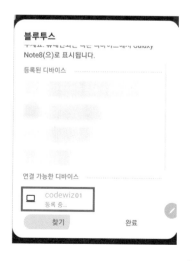

④ 연결이 완료되었다면 스마트폰의 바탕 화면에서 미리 설치한 앱을 실행합니다. 三모양인 설정(연결) 버튼을 누른 후 [Devices]를 선택합니다.

더 알아보기

스마트폰의 블루투스를 켜지 않고 [Devices]를 누르면 'Bluetooth is disabled'라는 메시지가 표시됩니다. Device 등록을 이미 진행한 경우라면 바로 (블루투스 연결)을 눌러 연결해도 됩니다.

⑤ 디바이스 목록에서 코딩 시 블루투스 초기화 이름으로 지정한 'codewiz01'을 선택합니다. 앱과 코드위즈가 연결이 완료되어 'Connected' 라는 메시지가 표시되는지 확인합니다.

더 알아보기

/ : 블루투스 연결을 해제하거나 재연결합니다. 은 터미널 창의 목록을 삭제합니다.

⑥ 연결이 완료되었다면 스마트폰의 키보드를 사용하여 '1'을 입력한 후 ▶ 을 누릅니다. '2' 도 입력한 후 ▶ 을 눌러 코드위즈의 OLED와 네오RGB LED가 지정한 대로 출력되는지 확인합니다.

생각 확장하기

블루투스라는 근거리 통신을 통해 수신 값에 따라 코드위즈의 OLED에 본인의 프로필이(본캐릭터/부캐릭터) 표시되는 멀티프로필을 만들어 보았습니다. 수신 값에 따라 좀 더 멋진 나만의 프로필을 만들어 보세요.

> 수신 값이 3이라면 OLED와 네오 RGB LED가 모두 꺼지도록 코드를 추가해볼까요?

직접 구현해보기

블루투스로부터 수신 값이 3인 경우 OLED를 지우고 네오 RGB LED가 꺼지도록 하기 위해 캐릭터 변수에 저장된 값이 '3'인지 비교한 후 OLED를 지우고 네오 RGB LED가 꺼지도록 코드를 추가합니다.

▶ 시작파일 : 9장_멀티프로필.sb3
▶ 완성파일 : 9장_멀티프로필_생각더하기.sb3

10 팝콘 브레인 룰렛 만들기

코드위즈의 버튼 센서를 사용하여 왼쪽 버튼을 누르면 X, 오른쪽 버튼을 누르면 O가 출력되게 하여
8개 항목의 스마트폰 중독 테스트를 체크하고 진단할 수 있는 팝콘 브레인 룰렛을 만들어 봅니다.

무얼 배울까요?
- 버튼 센서를 눌러 버튼 센서의 값 변화를 확인할 수 있어요.
- 조건문을 활용할 수 있어요.
- OLED에 메시지를 출력할 수 있어요.
- 두 가지 조건의 설정을 위해 < > 그리고 < > 연산자를 활용할 수 있어요.

▶ 시작파일 : 10장_팝콘브레인룰렛_시작.sb3　▶ 완성파일 : 10장_팝콘브레인룰렛.sb3

먼저 실행해봤어요

룰렛을 돌리면서 질문을 읽고 맞으면 오른쪽 버튼 아니면 왼쪽 버튼을 눌러 중독상태인지 아닌지를 판단하여 알려줍니다.

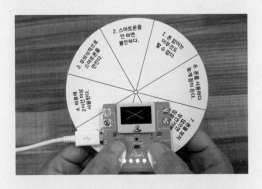

코딩 개념 순서도

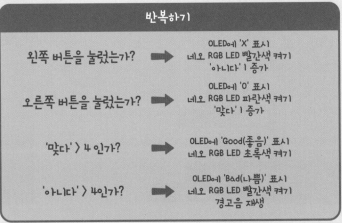

여러분들의 스마트폰 사용시간은 어떻게 되나요? 혹시 습관처럼 아무 생각 없이 스마트폰을 만지고 있진 않나요? 첨단 디지털 기기는 현대인의 필수품이지만 이에 익숙한 나머지 뇌가 현실에 무감각하거나 무기력해지는 현상을 '팝콘 브레인(Popcorn Brain)'이라고 합니다. 팝콘이 곧바로 튀어오르는 것처럼 즉각적인 현상에만 반응할 뿐 다른 사람의 감정이나 느리고 무던하게 변화하는 현실에는 무감각하게 반응하여, 이런 현상이 지속되면 집중력은 떨어지고 기억력은 약해져 스마트폰 등의 중독으로 이어지기도 합니다. 이런 문제를 인식하고, 스마트폰 이용 습관이 올바른지 체크하여 스마트 기기 사용에 대한 구체적인 목표가 정해진다면 팝콘 브레인을 예방할 수 있을 것입니다.

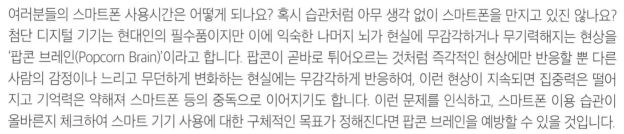

발명의 원리 '구형화(Curvature increase)' 에 대해 알아보아요.

구형화는 자동차디자인, 회전초밥, 회전교차로, 커브드 TV, 나선형 계단 등 둥근 요소들을 이용하여 직선 운동을 회전 운동으로, 평면을 곡면으로, 각진 것을 둥글게 만드는 발명 원리입니다. 이렇게 형태를 구형이나 곡선으로 바꾸기도 하지만 완곡한 표현이나 대등한 관계속에서 자유롭게 발언할 수 있는 '원탁회의(round table conference)' 등 비기술적인 측면에 적용된 예들도 생각해볼 수 있습니다. 그밖에 우리 생활에서 둥근 요소들을 이용해 구형화 하면 좋은 것들을 직접 찾아볼까요?

여러분의 생각을 적거나 그려주세요

▲ 원탁회의

01 센서 및 변수 초기화하기

① 프로그램을 작성하기 위해 [코드위즈] 카테고리를 클릭한 후 코드위즈 프로그램 블록을 가져옵니다. [코드위즈] 카테고리의 스피커 초기화 블록과 RGB 초기화 블록을 연결합니다.

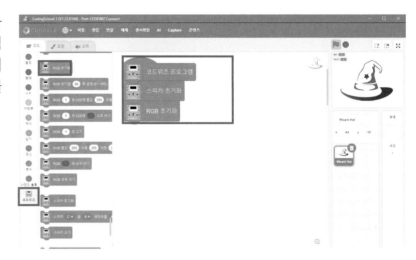

② 메시지 출력을 위해 RGB 초기화 블록 아래에 OLED 초기화 블록을 연결합니다. 프로그램 실행 전에 OLED에 남아있는 이미지를 지우기 위해 OLED 지우기 블록을 연결합니다.

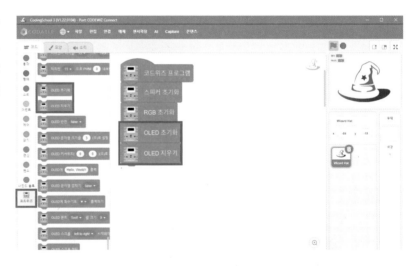

③ [변수] 카테고리의 나의 변수▼을(를) 0으로 정하기 블록을 가져와 연결합니다. ▼을 눌러 '맞다'를 선택합니다. 다시 나의 변수▼을(를) 0으로 정하기 블록을 가져와 연결한 후 ▼을 눌러 '아니다'를 선택합니다.

더 알아보기
변수 만들기는 50페이지를 참조합니다.

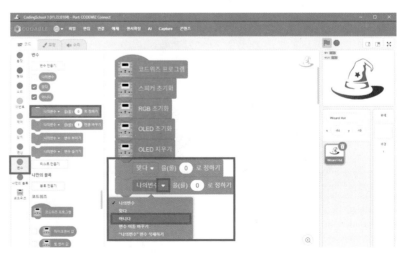

02 왼쪽 버튼을 눌러 OLED에 'X' 출력하기

① 왼쪽 버튼이 눌렸는지 판단하기 위해 [제어] 카테고리의 무한 반복하기 블록을 아래에 연결하고 만약 ~(이)라면 블록을 무한 반복하기 안에 끼워 넣습니다. 스위치 버튼 left▼값 블록을 끼워 넣습니다.

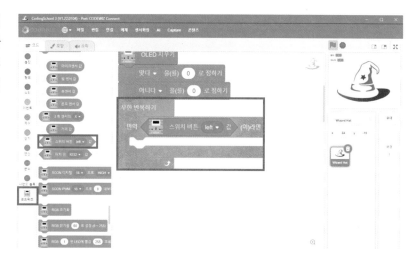

② 왼쪽 버튼이 눌렸을 때 '\'를 출력하기 위해 OLED에 선 그리기 시작(0,0) 끝 (10,10) 색 white▼ 블록을 가져와 (이)라면 블록 내부에 연결한 후 시작에 '20', '10' 끝에 '100', '50'을 입력합니다.

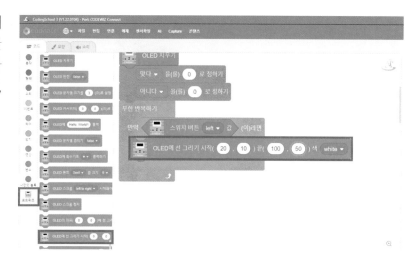

③ '/'를 출력하기 위해 OLED에 선 그리기 시작(0,0) 끝(10,10) 색 white▼ 블록을 가져와 연결한 후 시작에 '20', '50', 끝에 '100', '10'을 입력합니다.

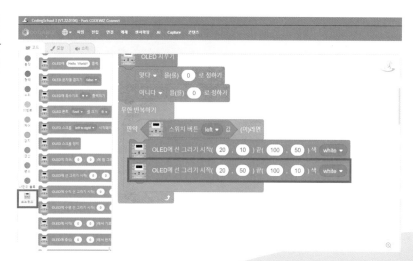

④ 네오 RGB LED를 켜기 위해 [코드위즈] 카테고리의 RGB ●로 모두 켜기 블록을 연결합니다.

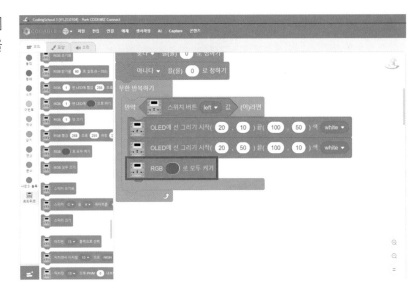

⑤ '아니다' 변수 값을 1 증가시키기 위해 나의 변수▼을(를) 1 만큼 바꾸기 블록을 가져와 연결한 후 ▼을 눌러 '아니다'를 선택합니다. [제어] 카테고리의 1초 기다리기 블록을 아래에 연결합니다.

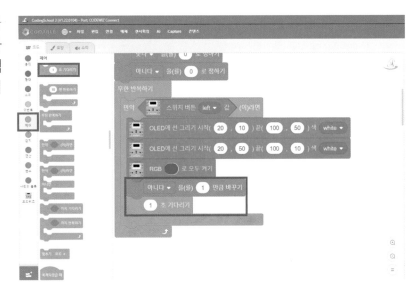

⑥ OLED에 표시되는 X를 지우고 네오 RGB LED를 끄기 위해 OLED 지우기 블록과 RGB 모두 끄기 블록을 연결합니다.

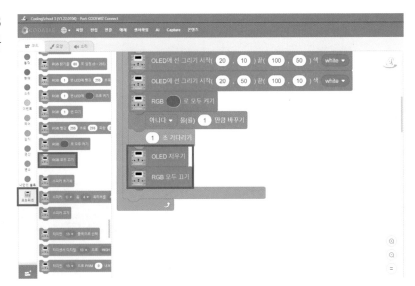

03 오른쪽 버튼을 눌러 OLED에 'O' 출력하기

① 오른쪽 버튼을 눌렀을 때 'O'가 출력되도록 지정하기 위해 만약 ~ (이)라면 블록을 마우스 오른쪽 버튼으로 클릭한 후 마우스 오른쪽 버튼을 클릭합니다. [복사하기] 메뉴를 클릭합니다.

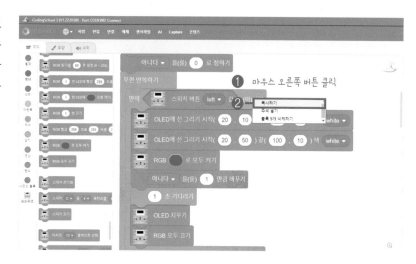

② 복사된 블록을 (이)라면 블록 아래에 연결합니다. ▼을 눌러 'right'를 선택합니다.

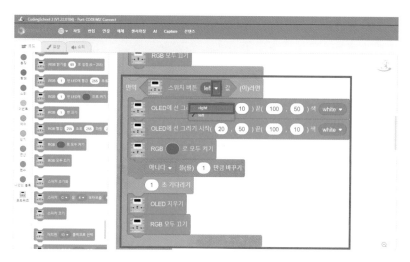

③ OLED에 선그리기 블록을 삭제하기 위해 (이)라면 블록 내부의 OLED에 선그리기 블록을 마우스 오른쪽 버튼으로 누른 후 [블록 삭제하기] 메뉴를 클릭합니다.

101

④ OLED에 선그리기 블록을 마우스 오른쪽 버튼을 눌러 [블록 삭제하기] 메뉴를 클릭합니다.

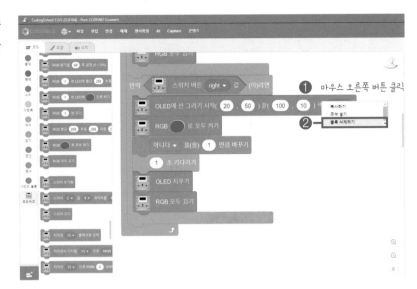

⑤ 원을 그리기 위해 OLED에 중심(0,0)에서 반지름 (0)인 원 그리기(채우기 false ▼)색 white▼ 블록을 가져와 (이)라면 블록 아래에 끼워 넣습니다. 중심은 '62', '32', 반지름은 '30'을 입력합니다. RGB ●로 모두 켜기 블록의 ●을 클릭하여 ● 을 선택합니다.

⑥ '맞다' 변수 값을 1 증가시키기 위해 아니다▼을(를) 1 만큼 바꾸기 블록의 ▼을 클릭한 후 '맞다'를 선택합니다.

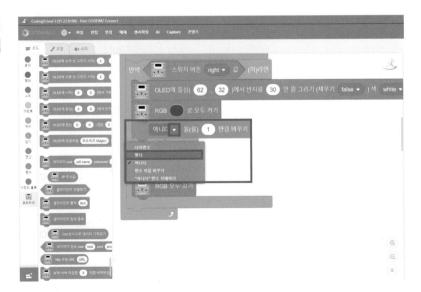

04 맞는 횟수가 5번 이상일 때 결과 출력하기

① '맞다' 변수 값이 4 보다 큰지 판단하기 위해 만약 ~ (이)라면 블록을 가져와 연결합니다. [연산] 카테고리의 ( )>(50) 블록을 끼워 넣고 왼쪽 값에는 [변수] 카테고리의 맞다 블록, 오른쪽 값에는 '4'를 입력합니다.

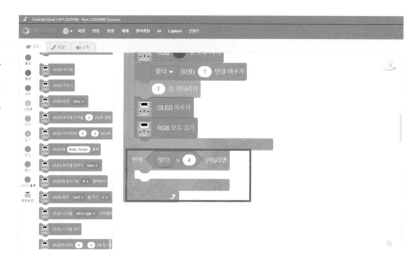

② RGB ●로 모두 켜기 블록을 가져와 연결한 후 ●을 클릭하여 ●을 선택합니다. OLED 커서위치(0,0) (으)로 지정 블록을 연결하여 삽입한 후 커서 위치에 '35', '25'를 지정합니다.

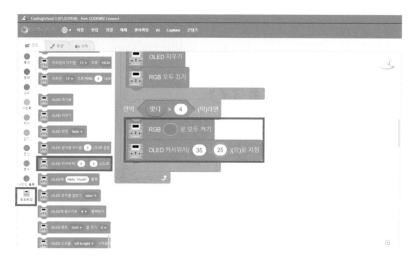

③ OLED에 한글포함(코드위즈 Magic!!) 출력, 줄바꿈O▼ 블록을 연결하여 삽입합니다. 'Good(좋음)'을 입력합니다.

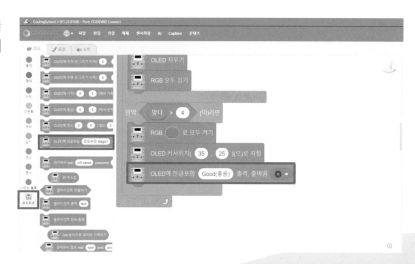

④ [변수] 카테고리의 나의변수▼을(를) 0으로
정하기 블록을 가져와 연결한 후 ▼을 눌
러 '맞다'를 선택합니다. 나의변수▼을(를)
0으로 정하기 블록을 가져와 연결한 후 ▼
을 눌러 '아니다'를 선택합니다.

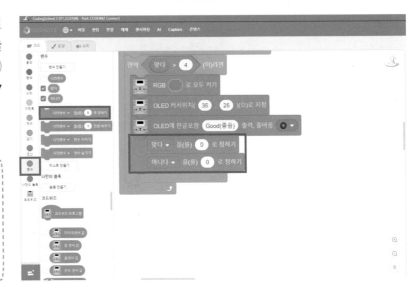

⑤ 1초 기다리기 블록을 가져와 연결한 후
'5'를 입력합니다.

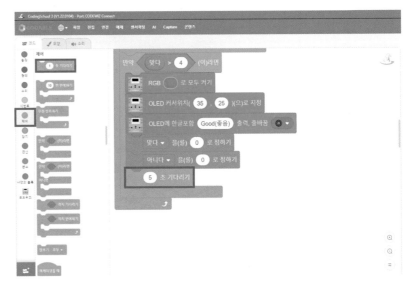

⑥ 네오 RGB LED를 켜고 OLED에 'Good(좋
음)'을 출력한 후 5초 후에 네오 RGB LED
를 끄고 OLED를 지우기 위해 RGB 모두
끄기 블록과 OLED 지우기 블록을 연결
합니다.

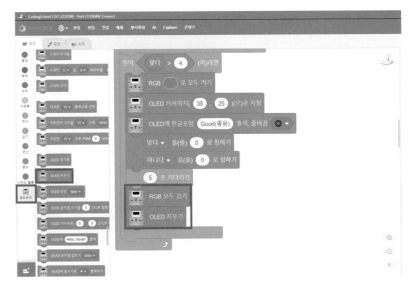

05 아니다 횟수가 5번 이상일 때 결과 출력하기

1. 아니다 횟수가 5번 이상일 때 결과가 출력되도록 지정하기 위해 만약 ~ (이)라면 블록을 마우스 오른쪽 버튼을 클릭합니다. [복사하기] 메뉴를 클릭합니다.

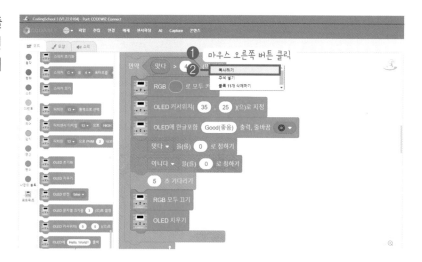

2. 복사된 블록을 (이)라면 블록 아래에 연결합니다. 맞다 변수 블록을 삭제한 후 [변수] 카테고리의 아니다 블록을 끼워 넣습니다. RGB ●로 모두 켜기 블록의 ●을 클릭하여 ●을 선택합니다.

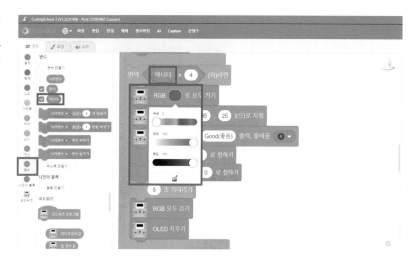

3. 커서위치를 '30', '25'로 변경하고 'Bad(나쁨)'으로 변경 입력합니다. 아니다 횟수가 5번 이상일 때 경고음을 울리기 위해 스피커 C▼음 4▼옥타브를 4▼분음표로 연주하기 블록을 가져와 끼워 넣습니다. ▼을 클릭하여 '2' 분음표로 지정합니다. 코드위즈 프로그램 블록을 클릭한 후 버튼을 눌러 실행 결과를 살펴봅니다.

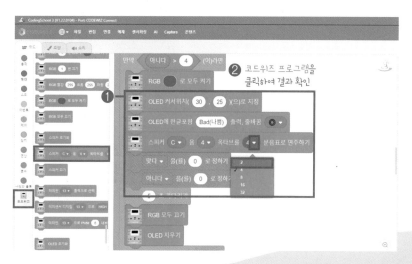

06 룰렛판 만들어 룰렛 완성하기(메이킹)

① CD 1장, 룰렛 도안(부록), 풀, 네임 펜/아크릴 펜을 준비합니다. 풀을 이용하여 CD에 룰렛 도안을 오려 붙여줍니다. (CD가 없는 경우 크기에 맞는 박스에 지금 12cm 원을 그린 후 오려 사용합니다.)

② 축과 부쉬로 코드위즈를 세울 수 있도록 그림과 같이 고정합니다. 코드위즈 커버를 그림과 같이 부쉬 뒤쪽에 배치합니다. 코드위즈 커버 사이에 룰렛판을 넣고 그림과 같이 부쉬로 고정합니다.

③ 코드위즈 프로그램 블록을 클릭합니다. 룰렛을 손으로 돌린 후 해당 질문에 대한 답이 맞으면 코드위즈의 오른쪽 버튼, 아니면 왼쪽 버튼을 눌러 테스트를 진행합니다. 맞은 개수와 아니다 개수에 따라 결과가 표시되는지 확인합니다.

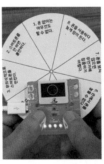

④ 룰렛판 뒷면에는 네임펜, 아크릴펜 등으로 테스트 결과에 따른 자신의 다짐을 적어 봅니다.

왼쪽 버튼을 누르면 아님을 의미하는 X, 오른쪽 버튼을 누르면 맞았음을 의미하는 O를 출력하고 '아니다' 개수와 '맞다' 개수가 5개 이상일 때 메시지를 출력해보았습니다. '아니다' 개수와 '맞다' 개수가 동일하게 4개가 되는 경우 재시도 메시지가 출력되도록 하려면 어떻게 해야할까요?

'맞다' 개수와 '아니다' 개수가 동일하게 4개가 되었다는 조건은 어떻게 지정해야할까요?

'다시시도' 메시지를 출력한 후 3초 후 다시 시작하게 하려면 어떻게 해야할까요?

직접 구현해보기

'맞다' 개수와 '아니다' 개수가 4라는 두 조건을 만족하도록 조건을 지정하려면 [연산] 카테고리의 < > 그리고 < > 블록과 ( )=( ) 블록을 활용합니다

▶ 시작파일 : 10장_팝콘브레인룰렛.sb3
▶ 완성파일 : 10장_팝콘브레인룰렛_생각더하기.sb3

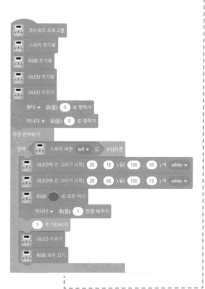

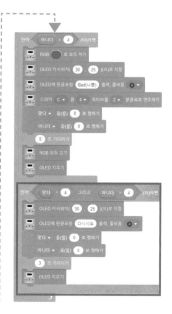

11 나만의 드림캐쳐 만들기

드림캐쳐는 악몽이라고 하는 나쁜 꿈을 모두 걸러내고 좋은 꿈만 잡을 수 있게 해준다고 믿음이 있는 작은 장식품입니다. 코드위즈의 빛 센서에 감지된 빛의 양에 따라 어두워지면 자동으로 켜지는 LED 드림캐쳐를 만들어 봅니다.

무얼 배울까요?

- 빛 센서값 블록으로 센서의 값 변화를 확인할 수 있어요.
- 조건문을 활용할 수 있어요.
- OLED에 메시지를 출력할 수 있어요.
- 재활용품을 활용하여 나만의 드림캐쳐를 꾸며 메이커 활동을 할 수 있어요.

▶ 완성파일 : 11장_LED나만의드림캐쳐.sb3

먼저 실행해봤어요

빛 센서 주변의 밝기가 어둡게 인식되면 OLED에 문구가 출력되고 네오 RGB LED가 켜집니다.

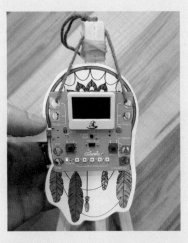

코딩 개념 순서도

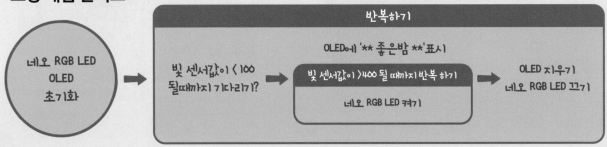

E.B 화이트가 지은 《샬롯의 거미줄》이란 책을 읽어본 적이 있나요? 거미 샬롯은 꼬마 돼지 윌버의 목숨을 구하기 위해 거미줄에 근사한 문구를 써넣으며 윌버가 자신의 가치를 스스로 알도록 도와줍니다.

샬롯이 거미줄에 새긴 말 덕분에 사람들은 윌버를 기적을 부르는 돼지라 여겨 특별대우를 해주고 목숨을 구하게 되는 우정, 삶과 죽음, 희생 등의 내용을 담고 있는 감동적인 이야기입니다. 여러분도 가족, 친구 또는 자신을 위해 위기의 상황에 샬롯이 거미줄의 특성을 이용한 것처럼 새로운 방법으로 문제 해결을 할 수 있지 않을까요?

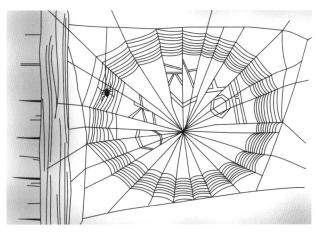

발명의 원리 '대칭변환', '비대칭(Asymmetry)' 에 대해 알아보아요.

우리가 사용하는 대부분의 물건은 대칭의 구조를 가지고 있습니다. 대칭의 구조가 시각적으로 안정적이고 익숙하지만 대상물의 각 부분 또는 사용하는 시스템의 기능을 대칭에서 비대칭 형태로 바꾸어 생산성과 효율을 높이는 발명 원리입니다.

우리는 무엇을 비대칭으로 만들어 새로운 변화를 만들 수 있을까요?

여러분의 생각을 적거나 그려주세요

▲ 비대칭 우산과 비대칭 마우스

① 프로그램을 작성하기 위해 [코드위즈] 카테고리를 클릭한 후 코드위즈 프로그램 블록을 가져옵니다. 네오 RGB LED를 초기화하기 위해 RGB 초기화 블록을 연결합니다.

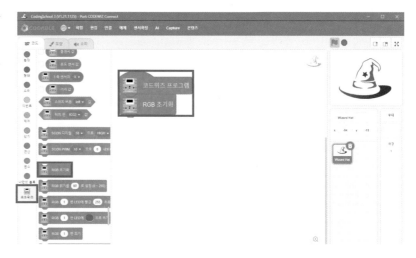

② 네오 RGB LED의 밝기를 설정하기 위해 RGB 밝기를(60)으로 설정(0~255) 블록을 가져와 '30'을 입력합니다. 메시지 출력을 위해 OLED 초기화 블록과 OLED 지우기 블록을 연결합니다.

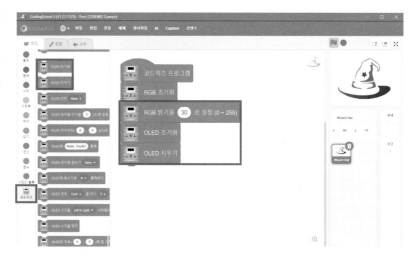

02 어두워지면 메시지 출력하기

① [제어] 카테고리의 무한 반복하기 블록을 아래에 연결하고 주변의 밝기가 100보다 작아질 때까지 기다리기 위해 ~ 까지 기다리기 블록을 무한 반복하기 안에 끼워 넣습니다.

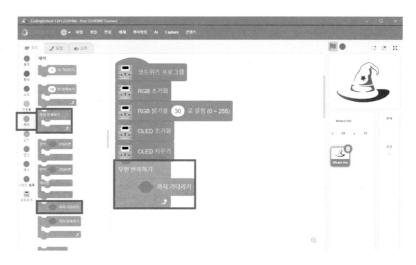

② [연산] 카테고리의 ( )<(50) 블록을 끼워 넣고 왼쪽 값에 빛 센서값 블록을 끼워 넣습니다. 오른쪽 값에는 '100'을 입력합니다.

> ┌ 더 알아보기 ┐
>
> 비교 값은 주변 환경에 따라 달라 질 수 있습니다. 주변의 밝기를 먼저 확인한 후 값을 입력해봅니다. 주변 밝기는 [코드위즈] 카테고리의 　빛 센서값 의 체크박스를 ☑ 빛 센서값 와 같이 체크한 후 무대에서 확인합니다.

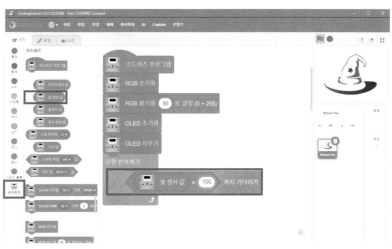

③ 드림캐쳐 문구가 출력되는 위치를 지정하기 위해 OLED 커서위치 (0,0) (으)로 지정 블록을 가져와 '18'과 '20'을 입력합니다. OLED에 한글포함 (코드위즈 Magic!!) 출력, 줄바꿈O▼ 블록을 가져와 연결한 후 '** 좋은밤 **' 을 입력합니다.

> ┌ 더 알아보기 ┐
>
> 드림캐쳐에 출력되는 문구는 여러분이 평소 좋아하는 문구를 입력해도 됩니다.

03 밝아질 때까지 네오 RGB LED 켜기

① 주변 밝기가 400보다 커질 때까지 네오 RGB LED를 켜기 위해 [제어] 카테고리의 ~까지 반복하기 블록을 가져와 아래에 연결합니다. [연산] 카테고리의 ( )>(50) 블록을 끼워 넣고 왼쪽 값에 빛 센서값 블록을, 오른쪽 값에 '400'을 입력합니다.

> **더 알아보기**
>
> 밝아졌다고 판단하는 기준인 '400'이라는 값이 절대적인 값이 아니므로 주변 밝기에 따라 적당히 값을 조정하여 입력합니다.

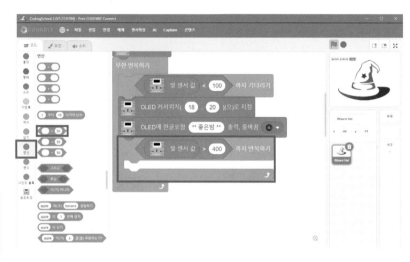

② 1초 간격으로 다양한 색의 네오 RGB LED가 켜지도록 지정하기 위해 [코드 위즈] 카테고리의 RGB 빨강 (255) 초록 (255) 파랑 (255) (으)로 모두 켜기 블록을 가져와 ~까지 반복하기 블록 내부에 끼워 넣습니다.

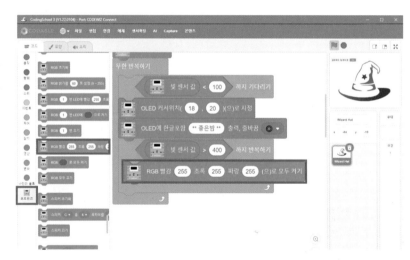

③ 빨강, 초록, 파랑 색 값 입력란에 [연산] 카테고리의 (1)부터 (10) 사이의 난수 블록을 가져와 연결합니다. 1초 기다리기 블록을 가져와 아래에 연결합니다

> **더 알아보기**
>
> (1)부터 (10) 사이의 난수 블록은 지정된 범위 값 중 하나의 값만 선택하여 알려줍니다. 즉 RGB 색값은 0~255 사이 값을 지정할 수 있으므로 난수 값 범위를 0~255로 지정할 수 있습니다.

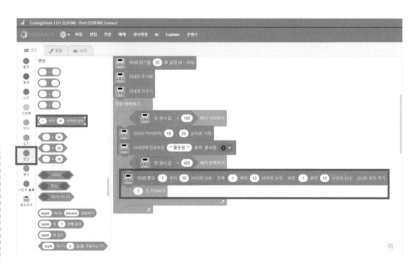

04 밝아지면 네오 RGB LED 끄고 메시지 지우기

① 주변이 밝아지면 드림캐쳐가 꺼지도록 지정하기 위해 OLED 지우기 블록과 RGB 모두 끄기 블록을 가져와 연결합니다.

더 알아보기

[센서확장]-[코드위즈]-[디스플레이 센서]-[네오픽셀]을 선택하여 추가된 블록 중  블록을 활용하여 아래와 같이 코딩하면 간단히 다양한 색의 네오 RGB LED가 켜지도록 제어할 수 있습니다.

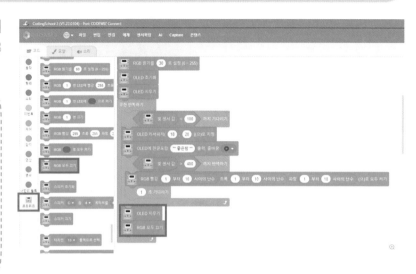

② 실행하여 결과를 확인하기 위해 코드위즈 프로그램 블록을 클릭합니다. 빛 센서를 손으로 가려 즉 빛 주변이 어두워지면 드림캐쳐가 작동하고 빛 센서에서 손을 치워 주변이 밝아지면 작동을 중지하는지 확인합니다.

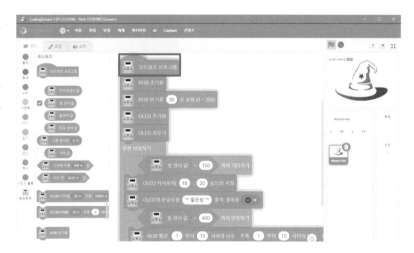

③ 실행 결과에 문제가 없다면 [편집]-[스케치모드 켜기] 메뉴 클릭한 후 [업로드] 버튼을 눌러 코드를 업로드합니다.

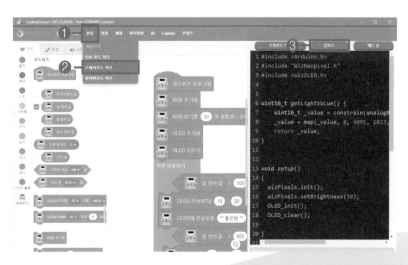

05 재활용품을 사용하여 드림캐쳐 꾸미기(메이킹)

① 드림캐쳐 도안(부록), 실(털실), 싸인펜 등 색칠도구, 나무젓가락 4개, 고무줄 등을 준비합니다.

② 고무줄을 이용해 나무젓가락을 그림과 같이 고정시켜 줍니다.

③ 도안을 자유롭게 색칠해 꾸며줍니다. 예쁘게 색칠을 완료하였다면 테두리를 잘라줍니다. 앞서 만들어 놓은 기둥에 테이프를 이용하여 드림캐쳐 도안을 붙입니다.

④ 코드위즈 보드 구멍에 털실을 끼워 넣어 매듭지은 뒤, 나무젓가락 윗부분에 걸어줍니다. 완성되었다면 주변이 어두워지도록 빛 센서를 손으로 가려봅니다.

빛 센서에 감지된 빛의 양에 따라 어두워지면 자동으로 켜지는 LED 드림캐쳐를 만들어 보았습니다. 지정된 시간이 지나면 자동으로 꺼지도록 할 수 있을까요?

'** 좋은 밤 **' 메시지가 출력된 후 60초가 지나면 'Sweet Dream'를 출력하고 5초 후 메시지가 지워지고 네오 RGB LED가 꺼지도록 코드를 수정해볼까요?

직접 구현해보기

60초가 지났다는 조건을 지정하기 위해 경과시간 변수를 선언하고 1초 경과 시 변수 값을 1씩 증가시키는 경과시간▼을(를) 1만큼 바꾸기 블록을 활용 해야합니다. 60초가 지난 후 OLED의 메시지가 지워지고 네오 RGB LED가 꺼진 후 어둡다고 다시 드림캐쳐가 작동하는 것이 아니라 밝아졌다 어두워졌을 때 다시 실행되도록 밝아질때까지 기다리는 블록을 추가합니다.

▶ 시작파일 : 11장_LED나만의드림캐쳐.sb3
▶ 완성파일 : 11장_LED나만의드림캐쳐_생각더하기.sb3

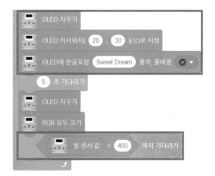

12 폐활량 측정기 만들기

마이크 센서는 주변의 소리 크기를 측정해주는 센서입니다. 폐활량은 우리 몸 속 허파 안에 최대한 공기를 빨아들이고 다시 내뱉어내는 공기의 양으로 마이크 센서를 활용하면 폐활량의 크기를 확인할 수 있습니다.

무얼 배울까요?

- 마이크 센서의 값 변화를 확인할 수 있어요.
- [신호 보내고 기다리기] 블록을 활용하여 프로그램을 제어할 수 있어요.
- 폐활량을 늘리는 데 도움을 주는 게임을 구현할 수 있어요.
- 터치 센서를 제어할 수 있어요.

▶ 시작파일 : 12장_폐활량측정기_시작.sb3 ▶ 완성파일 : 12장_폐활량측정기.sb3

먼저 실행해봤어요

빨대를 사용하여 마이크 센서에 "후" 하고 공기를 내뿜었을 때 마이크 센서가 바람을 인식해 풍선을 부풀게 하고 일정 크기가 되면 풍선이 터지면서 풍선 터지는 소리가 납니다.

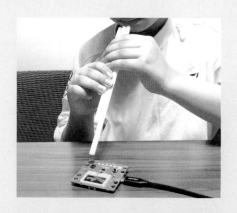

코딩 개념 순서도

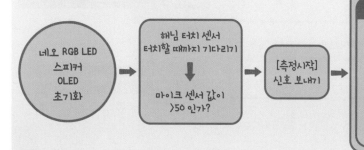

116

계단 오르는 것이 힘들거나, 오르막길을 오를 때 숨이 찬 적 있을 것입니다. 건강한 사람들도 계단을 많이 오르면 숨이 차 오르고 마스크까지 쓴다면 호흡은 좀처럼 가라앉지 않을 것입니다. 폐활량이 부족한 사람들은 경사가 낮은 오르막길도 가기 힘들어 심하면 호흡곤란까지 오게 되는데요. 폐활량은 사람이 한 번에 숨을 최대한 들이마셨다가 내뱉을 수 있는 공기의 양입니다. 폐활량으로 신체가 건강한지 아닌지 판단할 수도 있기 때문에 운동 뿐 아니라 트럼펫처럼 깊고 세게 숨을 내뱉어야만 소리가 나는 악기를 연주해 보는것도 폐활량을 늘리는 방법 중 하나입니다.

 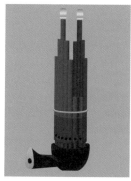 

발명의 원리 '활성화(Boosted interaction)' 에 대해 알아보아요.

활성화는 산소가 다른 물질과 결합하여 촉매 역할을 하도록 하거나 긍정적인 변화를 유도하고 작용을 활발히 하도록 반응을 활발하게 만들 방법을 찾는 발명 원리입니다. 꼭 산소를 이용하는 것뿐만 아니라 흥겨운 음악과 구호에 맞추어 관중들이 응원하도록 유도하는 치어리더, 우수한 사람에게 상을 주어 격려하는 것, 칭찬, 포상휴가 등도 산소와 같은 역할을 하므로 활성화의 사례로 볼 수 있습니다.

우리의 일상생활에서 마치 산소와 같은 역할을 하는 것은 무엇인가요?

▲ 피아노와 휴가

💡 여러분의 생각을 적거나 그려주세요

117

❶ [풍선] 스프라이트를 선택한 후 [이벤트] 카테고리의 깃발을 클릭했을 때 블록을 삽입합니다. [코드위즈] 카테고리의 RGB 초기화 블록을 아래에 연결합니다. 스피커 초기화 블록도 연결합니다.

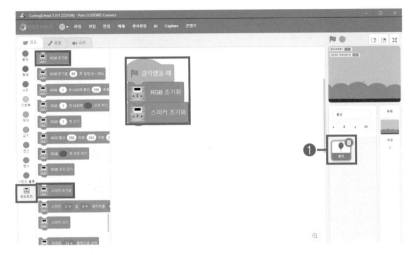

❷ 메시지 출력을 위해 OLED 초기화 블록을 연결합니다. 출력되는 글꼴과 글자 크기를 지정하기 위해 OLED 폰트 Serif▼를 크기 9▼으로 설정 블록을 가져와 연결합니다. ▼을 클릭한 후 '18'을 선택합니다.

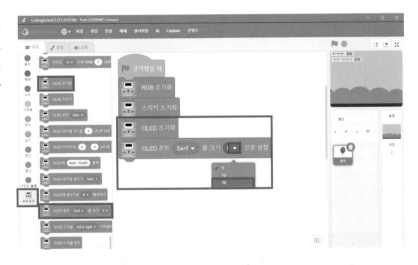

❸ [풍선] 스프라이트의 모양이 '풍선1' 이 되도록 지정하기 위해 [형태] 카테고리의 모양을 터진풍선3▼(으)로 바꾸기 블록을 아래에 연결합니다. ▼을 눌러 '풍선1'을 선택합니다. 크기를 지정하기 위해 크기를 100%로 정하기 블록을 가져와 아래에 연결합니다.

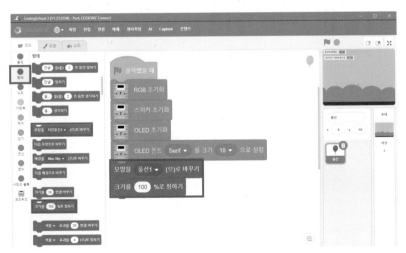

02 시작 메시지 출력하고 측정시작신호 보내기

① [제어] 카테고리의 무한 반복하기 블록을 아래에 연결하고 'START'를 표시하기 위해 OLED 지우기 블록과 OLED 커서위치 (0,0) (으)로 지정 블록을 가져와 연결합니다. 커서 위치에 '5', '40'을 입력합니다.

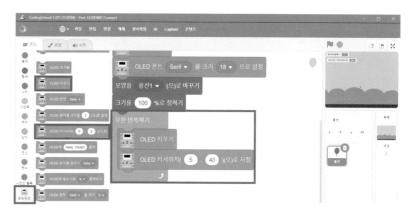

② OLED에 Hello, World!! 출력 블록을 아래에 연결합니다. 'START'를 입력합니다.

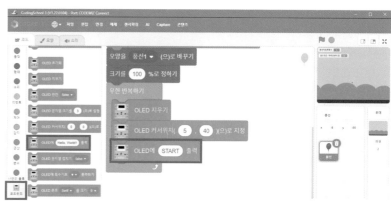

③ 해님모양 터치 센서를 터치하면 측정이 시작 되도록 지정하기 위해 [제어] 카테고리의 ~ 까지 기다리기 블록을 아래에 연결합니다. [코드위즈] 카테고리의 터치 핀 IO32▼값 블록을 끼워 넣은 후 ▼을 눌러 'IO13'을 선택합니다.

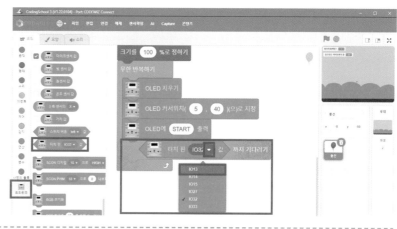

👑 더 알아보기

코드위즈 앞면에는 터치 센서에 모양이 표시되어 있고 뒷면에는 핀 번호가 표시되어 있습니다.

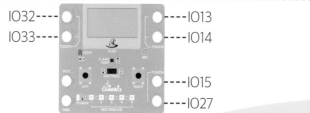

④ 터치 센서를 눌러 측정이 시작되면 'START' 메시지를 삭제하기 위해 OLED 지우기 블록을 아래에 연결합니다. 시작 시 풍선 터트린 횟수를 0으로 초기화하기 위해 [변수] 카테고리의 나의 변수▼을 (를) 0으로 정하기 블록을 가져와 연결한 후 ▼을 클릭하여 '풍선터트린횟수'를 선택합니다.

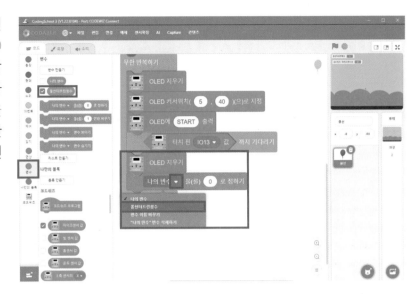

⑤ 마이크 센서 값이 50보다 크면 측정 시작 신호를 보내기 위해 [제어] 카테고리의 ~ 까지 기다리기 블록을 아래에 연결합니다. [연산] 카테고리의 ( ) >50 블록을 끼워 넣고 마이크센서 값 블록을 왼쪽에 삽입합니다.

┌─ 👑 더 알아보기 ───────────────
│ 마이크 센서는 센서의 민감도에 따라 값이
│ 다르게 인식될 수 있습니다. 주변 소리의
│ 영향으로 센서 값이 달라질 수 있으므로 미
│ 리 주변의 소릿값을 확인한 후 주변 환경에
│ 맞게 값을 변경 입력합니다.
└────────────────────────────

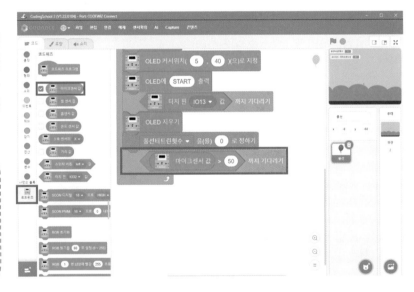

⑥ 측정시작 신호를 보내기 위해 [이벤트] 카테고리의 메시지1▼신호 보내고 기다리기 블록을 아래에 연결합니다. ▼을 클릭하여 [새로운 메시지]를 선택합니다. '측정시작'을 입력한 후 [확인] 버튼을 클릭합니다.

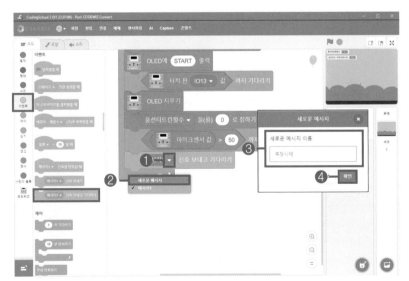

03 마이크 센서 값에 따라 풍선의 크기 조절하기

① [이벤트] 카테고리에서 메시지1▼신호를 받았을 때 블록을 가져옵니다. ▼을 클릭한 후 '측정시작'을 선택합니다.

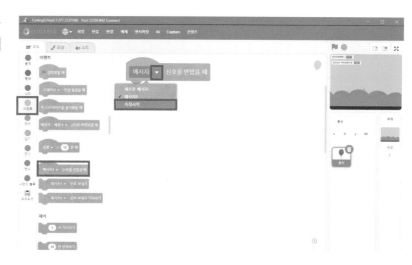

② 풍선 터짐을 5번으로 제한하기 위해 [제어] 카테고리에서 ~ 까지반복하기 블록을 가져와 연결합니다. [연산] 카테고리의 ( )=50 블록을 끼워 넣고 왼쪽 값에는 풍선터트린횟수 변수를 끼워 넣고 오른쪽 값에는 '5'를 입력합니다.

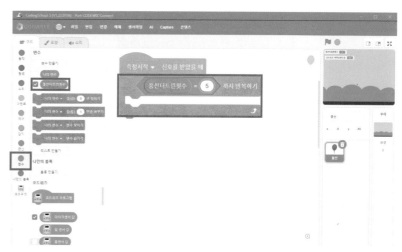

③ 마이크 센서 값이 50보다 큰 경우와 그렇지 않은 경우를 판단하기 위해 [제어] 카테고리에서 만약 ~ (이)라면 아니면 블록을 끼워 넣습니다. [연산] 카테고리의 ( )>50 블록을 끼워 넣고 마이크센서 값 블록을 왼쪽에 삽입합니다.

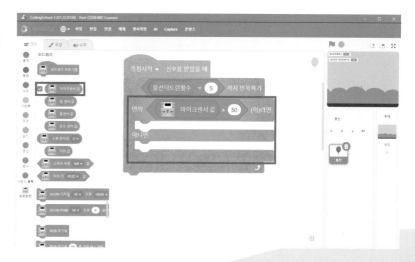

④ 마이크 센서 값이 50보다 크면 네오 RGB LED가 깜빡거리면서 풍선이 커지도록 지정하기 위해 RGB ●로 모두 켜기 블록을 (이)라면 안에 끼워 넣습니다. [형태] 카테고리의 크기를 10만큼 바꾸기 블록을 연결하고 RGB 모두 끄기 블록을 아래에 연결합니다.

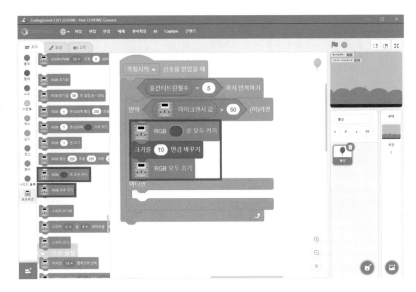

⑤ 마이크 센서 값이 50보다 작거나 같으면 네오 RGB LED를 끄고 풍선이 작아지도록 지정하기 위해 RGB 모두 끄기 블록을 아니면 블록 안에 끼워 넣습니다. 크기를 10만큼 바꾸기 블록을 연결하고 '-1'을 입력합니다.

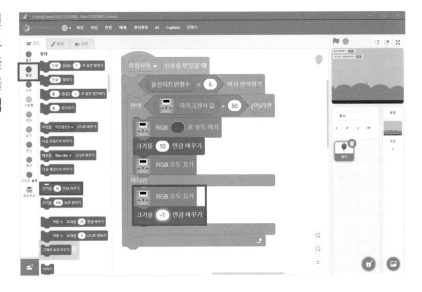

04 풍선 크기가 200보다 크면 풍선 터트리기

① 풍선 크기가 200보다 커지면 풍선을 터트리기 위해 만약 ~ (이)라면 블록을 가져와 아래에 연결하고 [연산] 카테고리의 ( )>50 블록을 가져와 삽입합니다. 왼쪽 값에 [형태] 카테고리의 크기 블록, 오른쪽 값에 '200'을 입력합니다.

> 🌟 더 알아보기
>
> [형태] 카테고리의 크기 의 체크박스를 ☑ 크기 와 같이 체크하면 [무대]에서 스프라이트의 크기 즉 풍선의 크기를 확인할 수 있습니다.

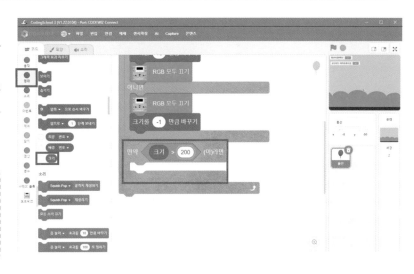

② 풍선 모양을 터진 모양으로 변경하기 위해 다음 모양으로 바꾸기 블록을 가져와 (이)라면 블록 안에 넣습니다. 풍선이 터진 횟수를 지정하기 위해 나의 변수▼을(를) 1 만큼 바꾸기 블록을 연결하고 ▼을 눌러 '풍선터트린횟수'를 선택합니다.

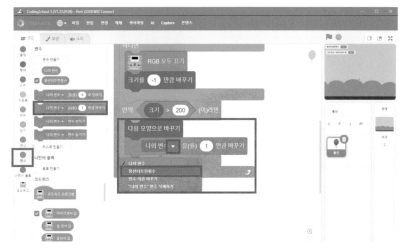

③ 풍선이 터지는 소리를 재생하기 위해 [소리] 탭을 클릭한 후 Squish Pop▼ 끝까지 재생하기 블록을 가져와 아래에 연결합니다.

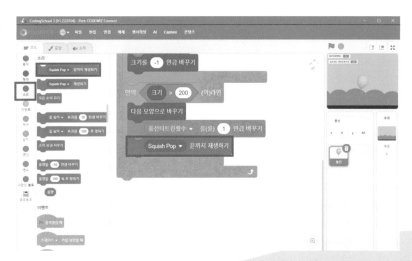

④ 풍선의 크기를 기본 크기로 변경하고 다음 모양으로 변경하기 위해 [형태] 카테고리의 크기를 100%로 정하기 블록과 다음 모양으로 바꾸기 블록을 연결합니다.

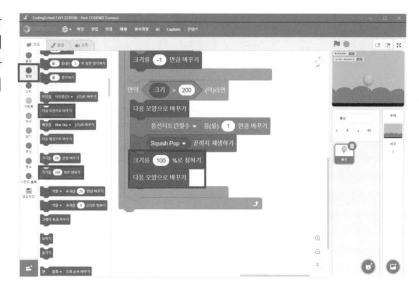

⭐ 더 알아보기

소리는 어떻게 추가해야 하나요?

지정된 소리 외에 새로운 소리를 추가하고 한다면 [소리] 탭을 클릭한 후 [소리 고르기]를 클릭합니다. [소리 고르기] 창에서 추가하고자 하는 소리를 클릭하면 [소리] 목록에 추가되어 표시됩니다. [소리 고르기] 창에서 ▶ 을 클릭하면 소리를 추가하기 전 미리 들어볼 수 있습니다.

▲ [소리 고르기] 클릭　　　　▲ 추가하고자 하는 소리 클릭　　　　▲ 선택한 소리가 추가되어 표시됨

05 네오 RGB LED 켜고 "삐익" 재생하기

① 터진 풍선이 5개라면 초록색 네오 RGB LED를 켜고 "삐익"음이 재생되도록 RGB ●로 모두 켜기 블록을 아래에 연결하고 ●을 클릭하여 ●을 선택합니다. 스피커 C▼음 4▼ 옥타브를 4▼분음표로 연주하기 블록을 아래에 연결합니다.

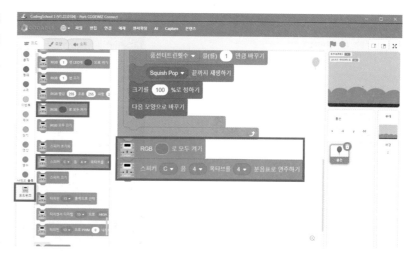

② 1초 기다리기 블록을 가져와 아래에 연결한 후 '2'를 입력합니다. RGB 모두 끄기 블록을 가져와 아래에 연결합니다.

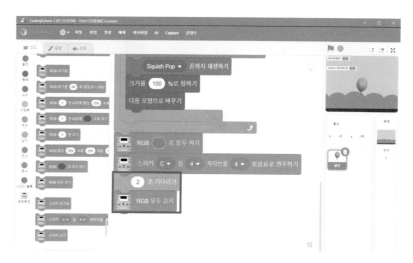

③ 깃발을 클릭했을 때 블록 또는 무대의 [실행](🏳)을 클릭합니다. OLED에 'START' 메시지가 표시되면 해님 터치센서를 손가락으로 터치한 후 마이크 센서에 입김을 불어 풍선이 커지면서 터지는지 확인해봅니다.

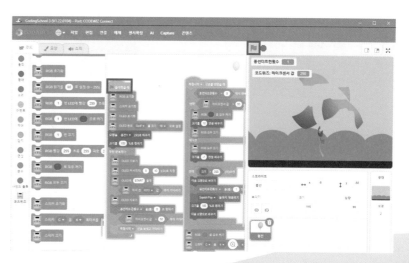

125

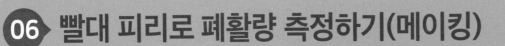

06 빨대 피리로 폐활량 측정하기(메이킹)

① 크기가 큰 빨대 3개, 스카치 테이프, 가위 등을 준비합니다.

② 빨대 한 부분을 크기별로 잘라서 테이프로 이어 붙여 줍니다.

③ 깃발을 클릭했을 때 블록 또는 무대의 [실행]( ) 을 클릭해서 실행합니다. 코드위즈의 해님 터치센서를 터치한 후 마이크 센서에 빨대로 공기를 불어넣어 봅니다. 불어넣은 공기에 따라 풍선이 터지는지 확인해 봅니다.

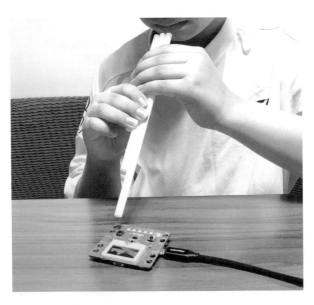

마이크 센서 감지에 감지된 값에 따라 풍선이 터지며 폐활량을 늘리는 데 도움을 주는 게임을 만들어 보았습니다. 풍선 터지는 횟수를 OLED에도 표시할 수 있을까요?

무대에만 표시되는 풍선 터진 횟수를 OLED에도 표시하려면 어떻게 해야할까요?

직접 구현해보기

무대에 표시되는 풍선 터진 횟수는 측정이 시작되었을 때부터 풍선 터트린 횟수가 5가 될 때까지 OLED에 출력하면 됩니다.

▶ 시작파일 : 12장_폐활량측정기.sb3
▶ 완성파일 : 12장_폐활량측정기_생각더하기.sb3

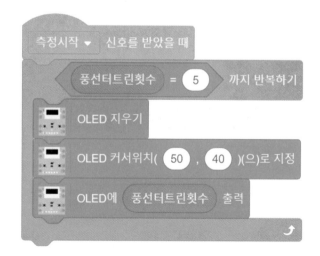

감정인식 AI 거울 만들기

13

인공지능의 이미지 인식을 활용하면 컴퓨터에게 사람의 감정에 관련된 이미지를 학습시켜 사람의 감정을 인식해 알려주는 AI 거울을 만들 수 있어요.

무얼 배울까요?

- 이미지 학습 과정의 레이블에 대해 이해할 수 있어요.
- 이미지 학습 model의 이름을 바꾸고 분류할 수 있어요.
- 조건에 따라 인공지능 모델이 작동되고 나타나는 결괏값을 이해할 수 있어요.
- 이미지 학습을 시키는 과정을 통해 실생활에서 어떤 서비스를 만들 수 있을지 생각할 수 있어요.

▶ 시작파일 : 13장_AI거울_시작.sb3 ▶ 완성파일 : 13장_AI거울.sb3

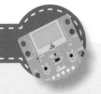

먼저 실행해봤어요

여러분이 학습시킨 웃는 얼굴, 무표정의 감정이 얼굴에 나타나도록 컴퓨터의 카메라에 인식시키면 인식시킨 감정을 알려줍니다.

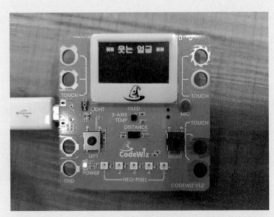

코딩 개념 순서도

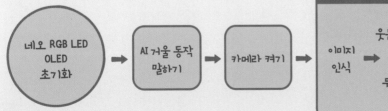

"거울아, 거울아. 이 세상에서 가장 아름다운 여인은 누구니? " "가장 아름다운 여인은 바로 당신입니다." 여러분은 백설공주와 일곱 난쟁이 이야기에서 거울이 인공지능과 비슷하다는 생각을 해본 적이 있나요? 거울은 왕비가 설정해놓은 프로그래밍대로 말을 하게 되어 있습니다. AI도 마찬가지일까요? 우리는 이번 차시에서 발명의 피드백 시스템과 인공지능에 대해 생각해 볼 수 있습니다.

인공지능(Artificial Intelligence)에 대해 알아보아요.

인간의 지능으로 할 수 있는 사고, 학습, 자기 계발 등을 컴퓨터가 할 수 있도록 하는 방법을 연구하는 컴퓨터 공학 및 정보 기술의 한 분야로써, 컴퓨터가 인간의 지능적인 행동을 모방할 수 있도록 하는 것을 인공지능이라고 말할 수 있습니다.

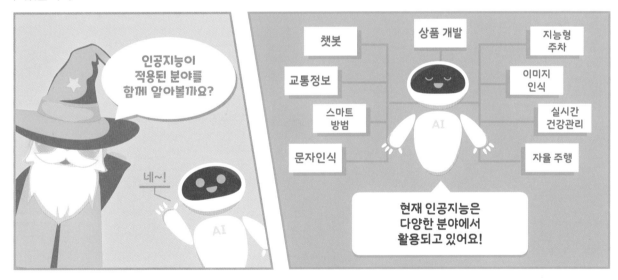

발명의 원리 '피드백(feedback)'에 대해 알아보아요.

피드백(feedback)은 현재 상황을 알아차리게 만드는 발명의 원리 중 하나입니다. 현재 상황을 알아차리면 그에 따른 즉각적인 대응이 가능한 장점이 있습니다. sns의 좋아요 버튼, 인터넷 댓글, 상품평, 시청자 의견, 강의 평가 등이 발명의 피드백 시스템 원리를 적용했다고 볼 수 있습니다.

① 여러분 얼굴에 나타나는 감정을 이미지로 학습시키기 위해 [AI]-[이미지학습] 메뉴를 클릭합니다.

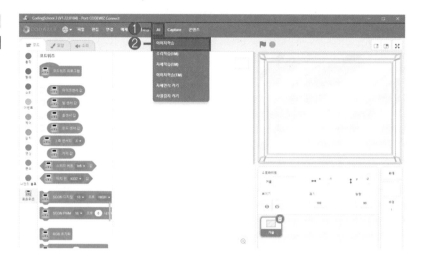

② 이미지 학습 창이 표시되면 모델의 이름을 변경하기 위해 '새로운 이름'으로 입력된 모델 이름 입력란에 '웃는얼굴'을 입력하고 [바꾸기] 버튼을 클릭합니다. (여러분이 원하는 감정명으로 입력해도 됩니다.

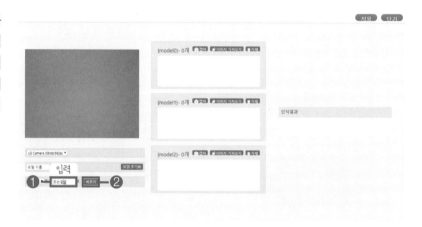

③ 두 번째 감정을 입력하기 위해 [웃는얼굴▼]의 ▼을 클릭한 후 'model1'을 선택합니다. 오른쪽 모델명 입력란에 '무표정'을 입력하고 [바꾸기] 버튼을 클릭합니다.

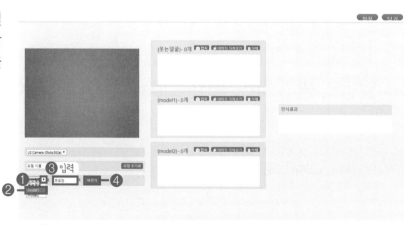

④ 웃는 얼굴과 무표정이 아닌 경우 배경으로 인식시키기 위해 [웃는얼굴▼]의 ▼를 클릭한 후 'model2'를 선택합니다. 오른쪽 모델명 입력란에 '배경'을 입력하고 [바꾸기] 버튼을 클릭합니다.

⑤ 모델명을 모두 생성하였다면 [웃는얼굴]이라는 얼굴 표정을 이미지를 학습시키기 위해 컴퓨터의 카메라에 웃는 얼굴을 한 후 [캡쳐] 버튼을 계속하여 눌러 웃는 이미지를 촬영합니다. 10장 정도 촬영한 후 인식결과를 확인합니다.

더 알아보기

부록 이미지를 이용해도 됩니다.

⑥ 무표정한 얼굴을 카메라에 비춘 후 [무표정] 모델의 [캡쳐] 버튼을 클릭합니다. [캡쳐] 버튼을 누르면서 [인식결과]에 '무표정'의 신뢰도가 100%가 될 때까지 캡쳐 합니다.

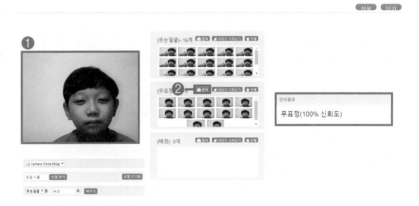
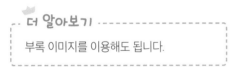

⑦ 웃는얼굴과 무표정이 아닌 얼굴이거나
또는 뒷배경이 학습되도록 [캡쳐] 버튼을
눌러 배경을 학습시킵니다.

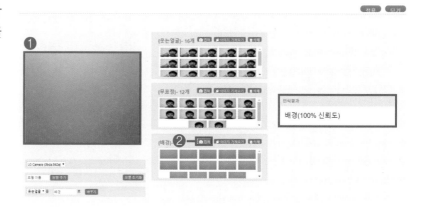

⑧ 모델의 학습이 완료되었다면 웃는 얼굴,
무표정, 배경이 잘 인식되어 인식 결과에
표시되는지 확인합니다. 만약 인식 결과
가 90% 이하로 표시된다면 [캡쳐] 버튼
을 눌러 추가로 데이터를 학습시킵니다.
학습결과를 적용하여 블록을 생성하기
위해 [적용] 버튼을 클릭합니다.

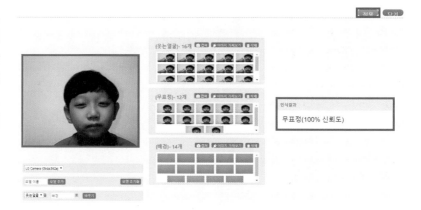

🚩 더 알아보기

데이터 라벨링은 인공지능이 데이터를 판단하고 학습할 수 있도록 하는 작업입니다. 만약, 위의 모델에서 model0(웃는얼굴)에 다른 표정의
데이터가 들어간다면 인공지능이 옳지 않은 방향으로 인식할 수 있으며, 각각의 모델에 대량의 데이터가 들어갈수록 컴퓨터(기계)가 충분히
데이터를 학습하므로 정확도를 높일 수 있습니다.

⑨ [이미지학습] 카테고리와 관련 명령블록
이 생성되었는지 확인합니다.

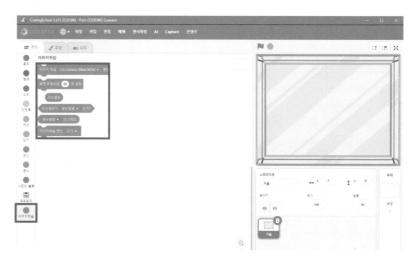

02 [음성변환] 기능 추가 및 센서 초기화

① 음성으로 말해주는 기능을 추가하기 위해 [확장기능 추가하기]( )를 클릭합니다. [텍스트 음성 변환(TTS)] 를 클릭합니다

② [이벤트] 카테고리의 깃발을 클릭했을 때 블록을 가져옵니다. OLED에 메시지를 표시하기 위해 [코드위즈] 카테고리의 OLED 초기화 블록과 OLED 지우기 블록을 가져와 연결합니다.

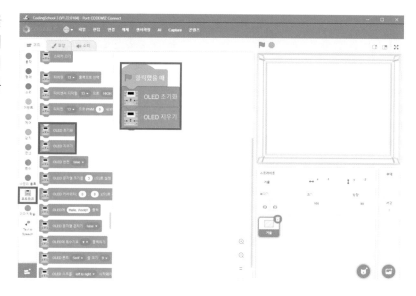

1. [Text to Speech] 카테고리에서 안녕 말하기 블록을 가져와 아래에 연결합니다. 'AI 거울이 동작합니다.'를 입력합니다.

2. 무대에 카메라를 켜고 투명도를 설정하기 위해 [이미지 학습] 카테고리를 클릭한 후 이미지 학습 ~ 화면 켜기 블록과 화면 투명도를 50로 설정 블록을 가져와 연결합니다.

   더 알아보기

   블록에 표시되는 카메라 이름은 사용하시는 카메라에 따라 다르게 표시됩니다.

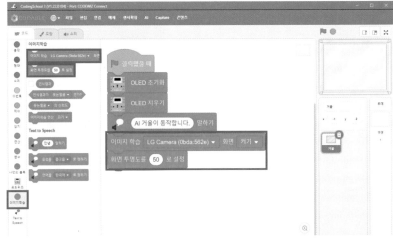

3. [거울] 스프라이트의 투명도 설정을 위해 [형태] 카테고리의 색깔▼효과를 0 (으)로 정하기 블록을 아래에 연결합니다. ▼을 눌러 '투명도'를 선택하고 '50'을 입력합니다.

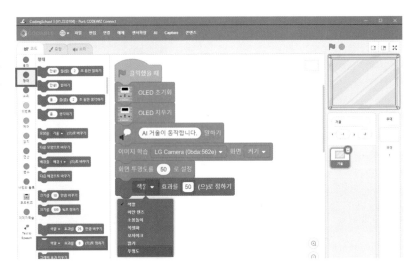

04 학습된 결과에 따라 메시지 표시하기

① 카메라에 인식된 감정을 계속 판단해야
하므로 [제어] 카테고리의 무한 반복하기
블록을 가져와 아래에 연결합니다. 감정
을 판단하기 위해 만약 ~ (이)라면 블록
을 가져와 무한 반복하기 안에 끼워 넣습
니다.

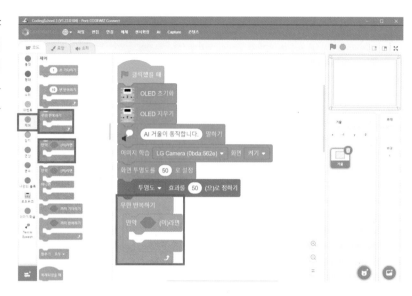

② 카메라에 인식된 얼굴 표정이 웃는 얼굴
인지 판단하기 위해 [이미지학습] 카테고
리의 인식결과가 웃는얼굴▼인가? 블록
을 만약 ~ (이)라면 블록에 끼워 넣습니
다.

③ '웃는얼굴' 이라는 메시지를 표시하기
위해 OLED 지우기 블록을 가져와 연
결합니다. OLED에 한글포함 (코드위즈
Magic!!) 출력, 줄바꿈O▼ 블록을 아래에
연결하고 ' **웃는 얼굴**'을 입력합니
다.

④ '웃는 당신은 멋집니다.' 라는 메시지를 무대에 표시하기 위해 [형태] 카테고리의 안녕! 말하기 블록을 가져와 아래에 연결합니다. '웃는 당신은 멋집니다.'를 입력합니다.

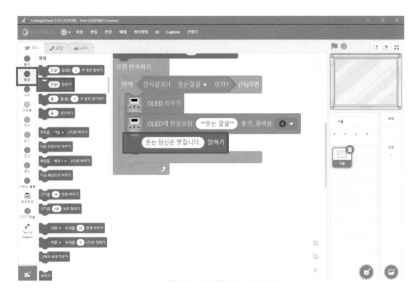

⑤ 음성 출력을 위해 [Text to Speech] 카테고리에서 안녕 말하기 블록을 아래에 연결하고 '웃는 당신은 멋집니다.'를 입력합니다. 무대에 말한 내용을 지우기 위해 안녕!을(를) 2초 동안 말하기 블록을 아래에 연결한 후 입력된 내용을 삭제하고 '1'을 입력합니다.

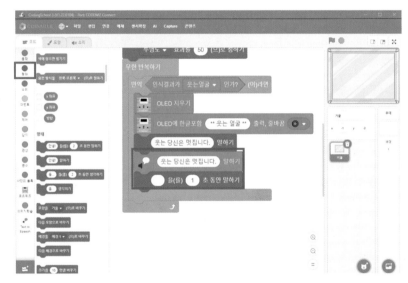

⑥ (이)라면 블록을 마우스 오른쪽 버튼을 클릭한 후 [복사] 메뉴를 클릭합니다. 복사된 블록은 아래에 연결합니다.

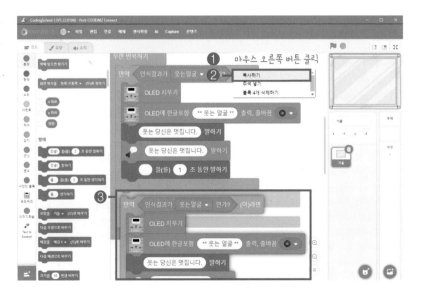

⑦ 카메라에 인식된 얼굴 표정이 무표정인지 판단하기 위해 인식결과가 웃는얼굴 ▼인가? 블록의 ▼을 눌러 '무표정'을 선택합니다.

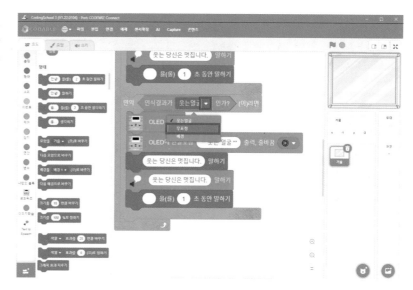

⑧ 한글 출력 블록에 ' ** 무표정 **'을 입력합니다. 말하기 블록에 '웃어보세요'를 입력합니다.

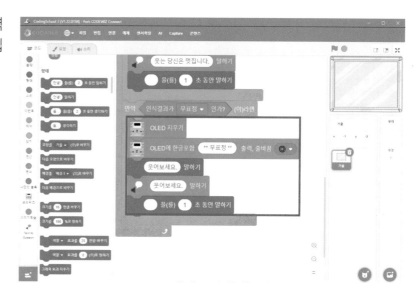

🐥 더 알아보기

[이미지학습]이 포함된 저장 파일을 열기 할 때 오류가 발생하는데 어떻게 해야하나요?

[이미지학습] 이 포함된 파일을 열기 하려면 코딩스쿨 프로그램과 코드위즈가 연결되어있는 상태에서 ● 카테고리가 추가되어 있어야 합니다. ● 카테고리 추가는 [AI]-[이미지학습] 메뉴를 클릭하여 실행한 후 한 개 이상의 모델을 학습시키고 [적용] 버튼을 누르면 됩니다.

① 무대를 전체 화면으로 확대시키기 위해 [전체 화면](⛶) 을 클릭합니다.

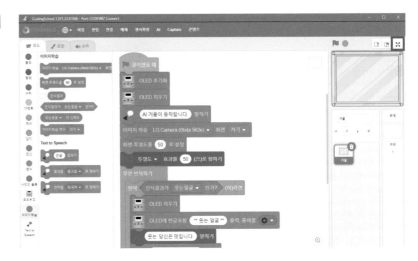

② [실행](⚑)을 클릭합니다. 무대에 카메라가 켜지며 'AI거울 동작을 시작합니다.' 라고 말하는지 확인합니다.

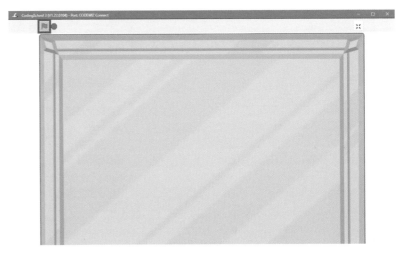

③ 카메라에 웃는 얼굴을 인식시켰을 때 OLED에 '** 웃는 얼굴 **'이 출력되고 '웃는 당신은 멋집니다.'라고 말하는지 확인합니다. 카메라에 무표정 감정을 인식시켰을 때 OLED에 '** 무표정 **'이 출력되고 '웃어 보세요.'라고 말하는지 확인합니다.

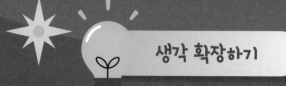

감정을 인식하여 알려주는 AI 거울을 만들어 보았습니다. 이처럼 물체, 사람 등 많은 것을 분류하고 인식할 수 있는 컴퓨터(기계)의 이미지 학습 기능을 통해 실생활에 필요한 서비스나 소프트웨어를 만들 수 있을까요?
교재를 따라 해 보았지만 여러분은 이미지를 분류 해 보는데 그치지 않고, 더 나아가 인공지능의 이미지 학습 기능으로 치매나 우울증 치료 등에 활용될 수 있는 사람들을 위한 소프트웨어도 만들어 볼 수 있습니다.

> '웃는얼굴'이 인식되면 [거울] 스프라이트의 색이 변경되고 '무표정'이 인식되면 [거울] 스프라이트에 소용돌이 효과가 적용되도록 하려면 어떻게 해야할까요?

직접 구현해보기

[거울] 스프라이트의 색과 소용돌이 효과는 [형태] 카테고리의 색깔▼ 효과를 25만큼 바꾸기 블록을 활용하면 됩니다. 카메라에 '배경'이 인식된 경우에는 색깔▼ 효과를 0(으)로 정하기 블록을 활용하여 [거울] 스프라이트에 적용된 색깔 효과와 소용돌이 효과를 제거합니다.

▶ 시작파일 : 13장_AI거울.sb3
▶ 완성파일 : 13장_AI거울_생각더하기.sb3

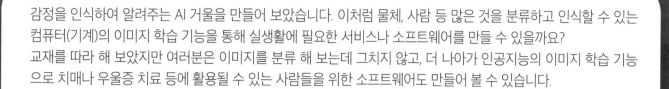

139

14 말하는 스마트 냉장고 만들기

코드위즈의 이미지 학습 기능을 활용하면 사야 할 목록에 등록된 음식 이미지가 인식되었을 때 사야 할 목록에서 삭제되고 냉장고에는 추가되는 재미있는 스마트 냉장고를 구현할 수 있습니다.

무얼 배울까요?

- 코딩스쿨의 이미지학습 메뉴를 실행할 수 있어요.
- 이미지학습 메뉴를 통해 원하는 이미지를 학습시킬 수 있어요.
- 리스트를 사용하여 데이터를 저장하고 관리할 수 있어요
- 이미지 학습을 이용하여 생활 속 문제를 해결하는 방법을 생각할 수 있어요.

▶ 시작파일 : 14장_스마트냉장고_시작.sb3　▶ 완성파일 : 14장_스마트냉장고.sb3

먼저 실행해봤어요

주먹 터치 센서를 눌러 사야 할 음식을 추가한 후 음식 이미지를 카메라에 인식시켰을 때 해당 음식이 [사야할 목록]리스트에 등록되어 있다면 [사야할 목록]에서 삭제되고 [스마트냉장목록]에 추가됩니다.

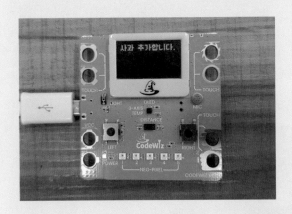

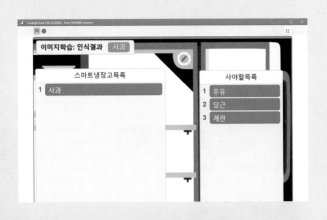

코딩 개념 순서도

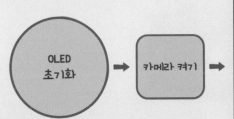

만화 '도라에몽' 과 같이 미래형 로봇이 내가 사는 집에 와서 도구를 나누어 주고 미래의 도구도 사용할 수 있게 도와 주는 것을 상상해 본 적이 있나요? '어디로든 문'을 통해 가고 싶은 나라에 여행을 갈 수도 있고, '대나무 헬리콥터' 로 하늘을 날 수 있거나 '모든 상품 카탈로그'를 통해 다양한 상품을 "갖고 싶어" 라는 말 한마디로 최고 시속 200km의 미래 자전거가 눈앞에 나타난다면 어떨까요? 최근에는 인공지능 스피커의 발달로 "찾아 줘", "담아 줘", "주문해 줘" 등과 같은 음성 명령어만으로도 충분히 사람들이 편하게 쇼핑을 할 수 있게 도와주는 플랫폼이 많습니다. 앞으로 이 러한 기술이 더 발전된 미래의 장보기는 어떤 방향으로 흐를지, 또 어떤 문화가 생길지 예측해 볼까요?

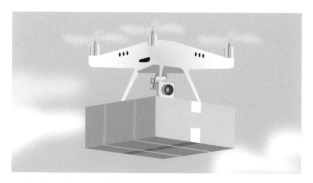 

발명의 원리 '선행조치(Preliminary action)' 에 대해 알아보아요.

선행조치는 필요한 기능이 바로 작동될 수 있도록 배치하거나 필요한 변화를 미리 준비하는 발명 원리입니다. 어차 피 해야 할 일을 하거나 필요할 때 바로 작동할 수 있도록 준비해야 하는 일들을 떠올려 사전조치의 원리가 적용된 예 (두루마리 화장지의 절취선, 세척 사과, 선행학습, 사전예약, 예약문자 등) 들을 생각하여 어떤 작용을 미리 수행 하고 싶은지 적어 볼까요?

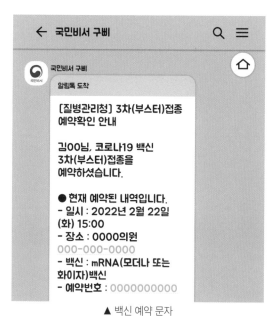

▲ 백신 예약 문자

💡여러분의 생각을 적거나 그려주세요

① 계란, 사과 이미지를 학습 시키기 위해
[AI]-[이미지학습] 메뉴를 클릭합니다.

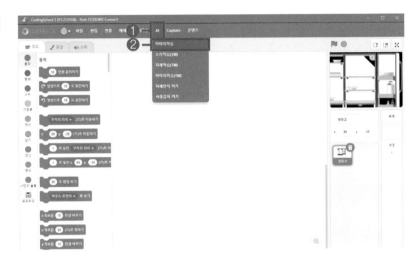

② 이미지 학습 창이 표시되면 모델의 이름
을 변경하기 위해 '새로운 이름'으로 입력
된 모델 이름 입력란에 '계란'을 입력하고
[바꾸기] 버튼을 클릭합니다.

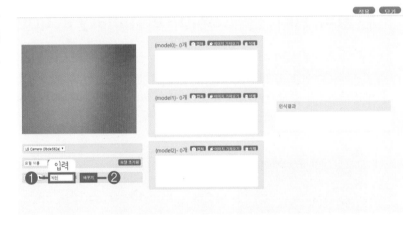

③ 사과를 입력하기 위해 [계란▼]의 ▼을 클
릭한 후 'model1'을 선택합니다. 오른쪽
모델명 입력란에 '사과'를 입력하고 [바
꾸기] 버튼을 클릭합니다.

④ 계란과 사과가 아닌 경우 배경으로 인식시키기 위해 [계란▼]의 ▼을 클릭한 후 'model2'를 선택합니다. 오른쪽 모델명 입력란에 '배경'을 입력하고 [바꾸기] 버튼을 클릭합니다.

⑤ 모델명을 모두 생성하였다면 계란 이미지를 학습시키기 위해 컴퓨터의 카메라에 계란이미지를 비춘 후 [캡쳐] 버튼을 눌러 계란 이미지를 촬영합니다. 10장 정도 촬영한 후 인식결과를 확인합니다.

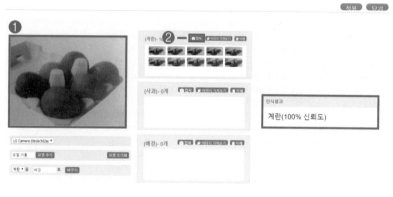

👑 더 알아보기

부록 이미지를 이용합니다.

⑥ 사과 이미지를 카메라에 비춘 후 [사과] 모델의 [캡쳐] 버튼을 클릭합니다. [캡쳐] 버튼을 누르면서 [인식결과]에 '사과'의 신뢰도가 100%가 될 때까지 캡쳐 합니다.

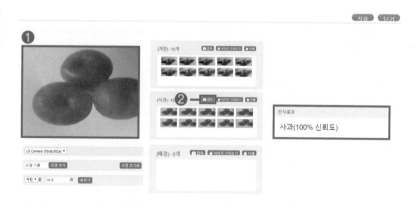

⑦ 배경이 학습되도록 [캡쳐] 버튼을 눌러 배경을 학습시킵니다. [배경] 모델에는 최대한 주변 환경이 잘 반영되도록 카메라를 비추어 캡쳐 합니다.

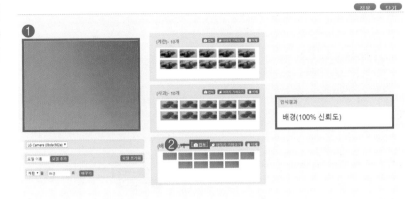

⑧ 모델의 학습이 완료되었다면 계란, 사과, 배경이 잘 인식되어 인식 결과에 표시되는지 확인합니다. 만약 인식 결과가 90% 이하로 표시된다면 [캡쳐] 버튼을 눌러 이미지를 추가하여 인식률을 높입니다. 블록을 생성하기 위해 [적용] 버튼을 클릭합니다.

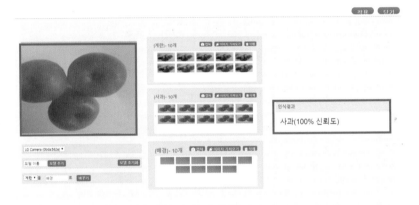

⑨ [이미지학습] 카테고리와 관련 명령블록이 생성되었는지 확인합니다.

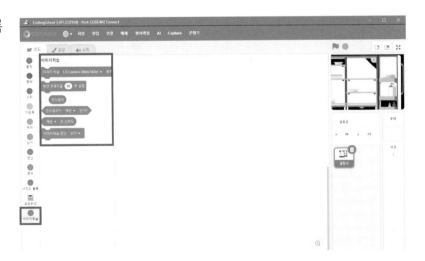

더 알아보기

이미지학습은 인공지능 연구 분야 중 하나로, 기계 또는 소프트웨어가 이미지를 학습하고 데이터화 하여 유사한 이미지를 분류하는 기술입니다. 문자 인식, 물체 인식, 얼굴 인식, 애니메이션, 무인 자동차, 물체 인식 및 분류 등 다양한 분야에서 응용되고 있습니다.

02 리스트 선언하기

① 리스트를 선언하기 위해 [변수] 카테고리의 [리스트 만들기] 버튼을 클릭합니다. [새로운 리스트 이름] 입력란에 '사야할목록'을 입력합니다.

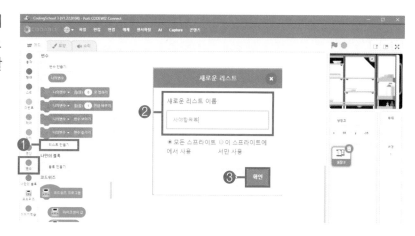

② [변수] 카테고리의 [리스트 만들기] 버튼을 클릭합니다. [새로운 리스트 이름] 입력란에 '스마트냉장고목록'을 입력합니다.

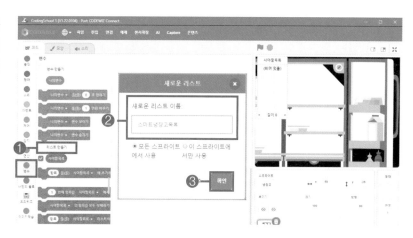

③ 무대에 표시되는 [사야할목록] 리트스를 무대 오른쪽 편, [스마트냉장고목록] 리스트는 무대 왼쪽 편에 위치하도록 마우스로 드래그하여 이동시키고 크기도 변경합니다.

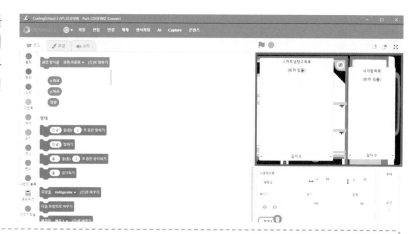

더 알아보기

리스트의 크기는 리스트 아래 오른쪽 모서리에 표시되는 = 에 마우스 포인터를 이동시킨 후 마우스 포인터 모양이 ◥ 와 같이 변경되었을 때 드래그하여 조정합니다.

① 터치 센서가 터치되면 사야 할 항목이 무엇인지 묻도록 깃발을 클릭했을때 블록을 가져옵니다. 무한 반복하기 블록과 ~ 까지 기다리기 블록을 가져와 연결합니다. [코드위즈] 카테고리의 터치 핀 IO32▼값 블록을 삽입합니다. ▼을 눌러 '27'을 선택합니다.

② [감지] 카테고리의 What's your name? 라고 묻고 기다리기 블록을 아래에 연결하고 '사야할목록은?'을 입력합니다. 직접 입력한 대답을 [사야할목록] 리스트에 추가하기 위해 [변수] 카테고리의 항목을 (를) 사야할목록▼에 추가하기 블록을 아래에 연결합니다.

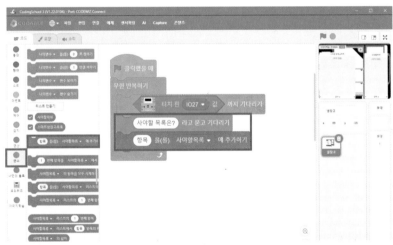

③ [감지] 카테고리의 대답 블록을 항목 입력란에 끼워 넣습니다. 목록이 추가됨을 말하기 위해 [형태] 카테고리의 안녕!을 (를) 2초 동안 말하기 블록을 가져와 아래에 연결합니다. '사야할 목록에 추가합니다'를 입력합니다.

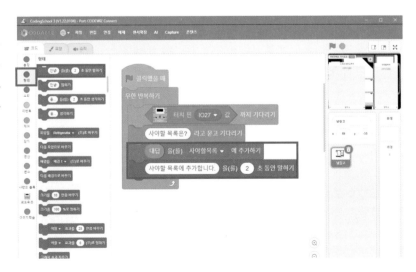

터치하여 리스트 항목 삭제하기

① 👆터치 센서가 터치되면 리스트의 모든 항목이 삭제되도록 깃발을 클릭했을때 블록을 가져옵니다. 무한 반복하기 블록과 ~ 까지 기다리기 블록을 가져와 연결합니다. 터치 핀 IO 32▼값 블록을 삽입합니다. ▼을 눌러 '15'를 선택합니다.

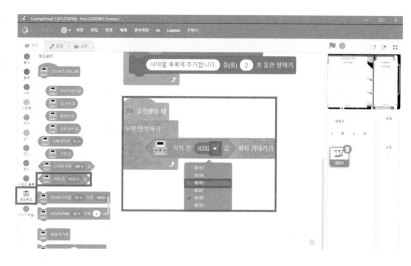

② [변수] 카테고리의 사야할목록▼의 항목을 모두 삭제하기 블록을 가져와 아래에 연결합니다.

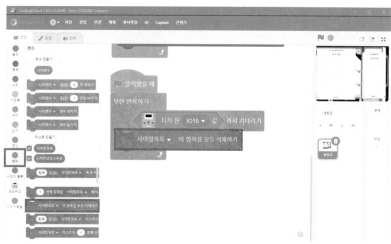

③ [스마트냉장고목록] 리스트에 저장되어 있는 항목도 모두 지우기 위해 사야할목록▼의 항목을 모두 삭제하기 블록을 가져와 아래에 연결합니다. ▼을 클릭하여 '스마트냉장고목록'을 선택합니다.

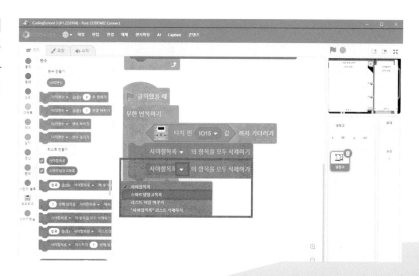

05

식품이 카메라에 인식되면 냉장고에 넣기

① 깃발을 클릭했을때 블록을 가져옵니다. OLED 초기화 블록을 가져와 연결합니다. 이미지 인식을 위한 카메라를 켜기 위해 [이미지 학습] 카테고리의 이미지 학습 ~ 화면 켜기▼ 블록을 가져와 아래에 연결합니다. 인식결과 블록의 체크박스를 클릭합니다.

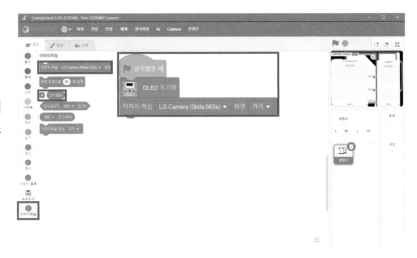

② 카메라에 인식된 제품이 [사야할목록] 리스트에 포함된 제품인지를 판단하기 위해 무한 반복하기 블록과 만약 ~ (이)라면 블록을 가져와 연결합니다. [변수] 카테고리의 사야할목록▼이(가) 항목 을(를) 포함하는가? 블록을 끼워 넣습니다.

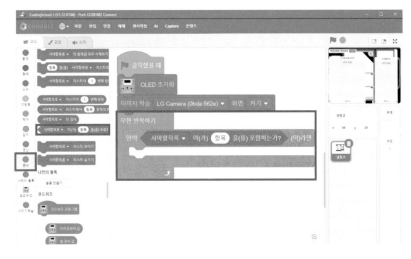

③ [이미지학습] 카테고리의 인식결과 블록을 항목에 끼워 넣습니다.

④ 인식된 식품이 [사야할목록] 리스트에 포함되어 있다면 [스마트냉장고목록] 리스트에 추가하기 위해 항목을(를) 사야할목록▼에 추가하기 블록을 삽입합니다. 인식결과 블록을 '항목'에 끼워 넣고 ▼을 눌러 '스마트냉장고목록'을 선택합니다.

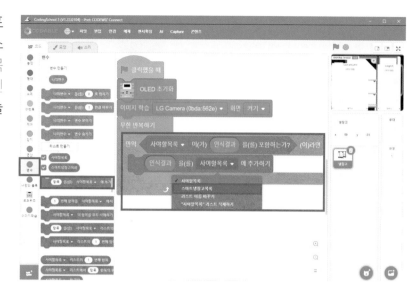

⑤ [스마트냉장고목록]에 제품을 추가하였다면 [사야할목록] 리스트에서 삭제해야 합니다. 1번째 항목을 사야할목록▼에서 삭제하기 블록을 가져와 아래에 연결합니다.

⑥ 삭제하고자 항목의 위치를 지정하기 위해 사야할목록▼ 리스트에서 항목 항목의 위치 블록을 가져와 끼워 넣습니다. 인식결과 블록을 '항목'에 끼워 넣습니다.

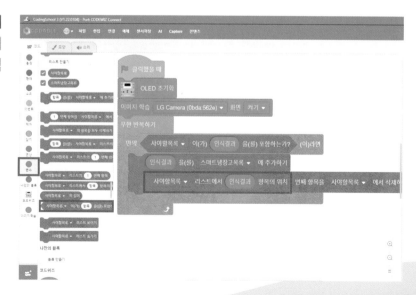

⑦ [스마트냉장고목록]에 추가된 식품을 출력하기 위해 OLED 지우기, OLED에 한글 포함 (코드위즈 Magic!!) 출력, 줄바꿈 O▼ 블록을 아래에 연결합니다. apple 와(과) banana 결합하기 블록을 끼워 넣고 왼쪽 값에는 인식결과 블록 오른쪽 값에는 '추가합니다'를 입력합니다. 1초 기다리기를 연결합니다.

⑧ 결과를 확인하기 위해 무대의 [실행](🚩)을 클릭합니다. 터치 센서를 눌러 식품 이름을 입력합니다.

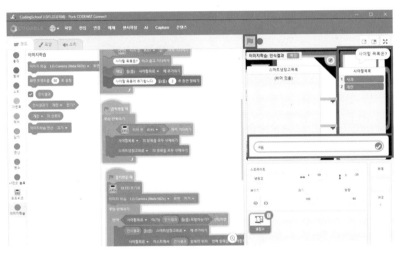

> **더 알아보기**
>
> **혹시 내 얼굴을 계란이나 사과로 인식하지 않나요?**
> 이는 여러분의 얼굴을 학습시키지 않았기 때문에 동그란 모양의 얼굴 형태를 계란이나 사과로 인식해서 발생하는 현상입니다. 만약 여러분의 얼굴이 계란이나 사과로 인식되지 않도록 지정하려면 [배경] 모델에 여러분의 얼굴을 캡쳐해 추가하면 됩니다.

⑨ 이미지 학습으로 학습된 사과와 계란 이미지를 카메라에 인식시킵니다. 인식된 결과에 따라 [스마트냉장고목록] 리스트에 추가되고 [사야할목록] 리스트에서 삭제되는 것을 확인할 수있습니다.

> **더 알아보기**
> 카메라에 인식되는 식품이 무대에 표시되도록 하려면 [냉장고] 스프라이트의 [보이기] 항목에서 [숨기기](⊘)를 클릭하면 됩니다.

[사야할목록] 리스트에 저장된 식품 이미지가 카메라에 인식되면 [스마트냉장고목록] 리스트에 해당 식품이 추가되고 [사야할목록] 리스트에서 삭제되는 스마트한 냉장고를 구현해보았습니다. 여러분들이 좋아하는 식품을 더 학습시켜 프로그램을 확장 시킬 수 있을까요?

여러분이 좋아하는 '당근' 이미지를 학습 시켜 모델을 추가해볼까요?

[스마트냉장고목록] 리스트에 식품이 추가되면 추가되었다는 메시지가 OLED에 출력된 후 2초 후 지워지도록 하려면 코드를 어떻게 수정해야할까요?

직접 구현해보기

새로운 모델을 추가하고자 할 때는 [AI]-[이미지학습] 메뉴를 클릭한 후 학습시키고자 하는 모델 이름을 입력하고 [모델 추가] 버튼을 클릭해야합니다. OLED에 메시지가 출력된 후 메시지를 삭제하려면 OLED 지우기 블록의 위치를 변경하면 됩니다.

▶ 시작파일 : 14장_스마트냉장고.sb3
▶ 완성파일 : 14장_스마트냉장고_생각더하기.sb3

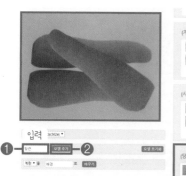

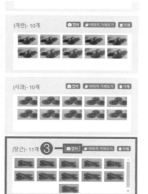

기침소리 판별기 만들기

15

티처블 머신의 소리 학습과 코드위즈의 소리학습(TM) 블록을 사용하여 기침 소리를 학습 시키면 여러 사람이 모여 있는 공간에서 기침 소리가 났을 때 기침 소리만 판별해서 알려주는 기침소리 판별기를 구현해볼 수 있습니다.

무얼 배울까요?

- 티처블 머신과 코딩스쿨의 소리학습(TM) 메뉴를 실행할 수 있어요.

- 티처블 머신을 통해 원하는 소리를 학습시킬 수 있어요.

- 소리학습(TM)을 이용하여 실생활 문제를 해결할 수 있어요.

▶ 시작파일 : 15장_기침소리판별기_시작.sb3 ▶ 완성파일 : 15장_기침소리판별기.sb3

 먼저 실행해봤어요

마이크에 기침 소리가 인식되면 네오 RGB LED가 빨간색으로 켜지고 경고음이 울립니다.

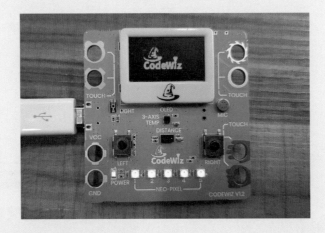

코딩 개념 순서도

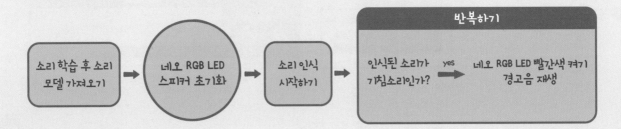

소리 학습 후 소리 모델 가져오기 → 네오 RGB LED 스피커 초기화 → 소리 인식 시작하기 → **반복하기** 인식된 소리가 기침소리인가? — yes → 네오 RGB LED 빨간색 켜기 경고음 재생

'전화위복(轉禍爲福)' 이라는 말을 들어본 적이 있나요? 불행한 일이 닥쳤을 때 포기하기보다는, 그 상황에서 최선을 다하면 더 나은 방향으로 일이 풀릴 수도 있다는 상황을 나타낸 고사성어입니다.

예를 들어 어떤 질병으로 인한 기침 그 자체는 해로움에 속하지만, 많은 사람들이 내는 기침 소리를 분석하고 분류하여 이를 빅데이터로 만든다면 호흡기 질환 등 빠른 진단에 도움을 줄 수도 있을 것입니다.

여러분도 문제 해결에 있어 유해한 요소들을 제거하는 방법 대신, 위기를 기회로 만들 수 있는 방법들을 생각해 볼 수 있을까요?

발명의 원리 '전화위복(Convert harmful to useful)' 에 대해 알아보아요.

해로운 요소를 활용해 이로운 효과를 얻게 하는 발명 원리입니다. 인체에 유해한 전자파를 음식물 가열에 이용한 전자레인지, 신체의 면역력을 키우기 위해 병원균을 인공적으로 삽입하는 백신도 이런 원리가 적용된 예라고 볼 수 있습니다.

그 밖에 우리가 생각하는 해로운 요소나 환경을 생각하여 적어보고, 어떤 이로운 효과로 바꿀 수 있을지 나타내어 볼까요?

💡 여러분의 생각을 적거나 그려주세요

▲ 마이크에 인식된 소음을 회로가 분석하여 소음을 제거하는 이어폰

153

01 티처블 머신 실행하기

① 크롬 브라우저를 실행한 후 '티처블 머신'을 입력하여 검색합니다. 검색된 [Teachable Machine]을 클릭하여 사이트에 접속합니다.

② [시작하기] 버튼을 클릭합니다.

> **더 알아보기**
>
> **티처블 머신에 대해 알아볼까요?**
>
> 티처블 머신은 인공지능이나 머신러닝에 대한 사전 지식과 코딩 없이도, PC를 사용할 수 있는 사람이라면 누구라도 쉽게 배우고 활용할 수 있도록 해주는 학습 도구 입니다. 이미지, 오디오, 자세(poses) 인식 세 가지 프로젝트를 통해 머신러닝을 학습하고 학습 모델을 생성한 후 저장하고 활용할 수 있습니다.

③ [새 프로젝트] 창이 표시되면 [오디오 프로젝트]를 클릭합니다.

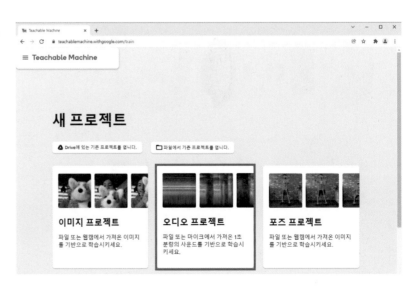

02 클래스 추가하고 이름 변경하기

① 클래스를 추가하기 위해 [+ 클래스 추가]
버튼을 클릭합니다.

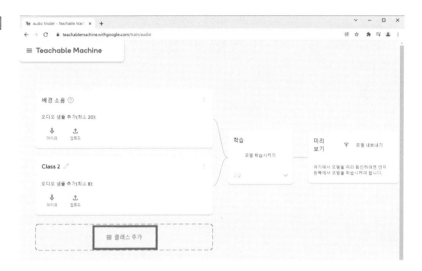

② Class2의 이름을 '기침소리'로 수정하기 위해 Class2 우측 연필 모양 아이콘 ✐ 을 클릭한 후 '기침소리'를 입력합니다.

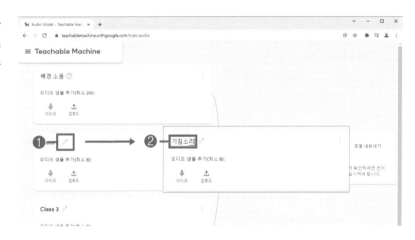

③ Class3의 이름을 '나머지소리'로 수정하기 위해 Class3 우측 연필 모양 아이콘 ✐ 을 클릭한 후 '나머지소리'를 입력합니다.

🍩 **더 알아보기**

> Class의 이름은 일종의 카테고리 이름으로
> 한글 영어 숫자 모두 가능합니다.

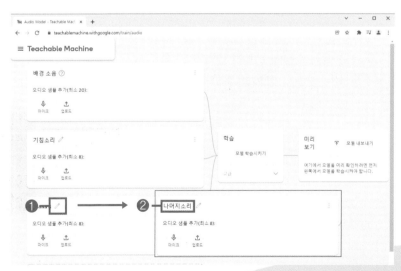

03 배경소음 녹음하기

① 기본 배경 소음을 녹음하기 위해 [배경 소음] 클래스의 [마이크] ( ) 를 클릭합니다.

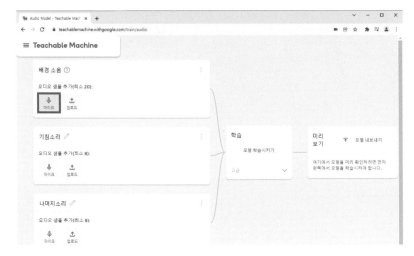

② [20초 녹화] 버튼을 클릭한 후 현재 주변 배경 소음이 20초 동안 녹음 될 때까지 잠시 기다립니다.

더 알아보기

배경 소음을 녹음할 때 최대한 주변의 소리가 가장 잘 반영되도록 합니다.

③ ▷ 를 클릭하여 녹음된 소리를 한번 들어보고 배경 소음에 문제가 없다면 [샘플 추출] 버튼을 눌러 샘플을 추가합니다.

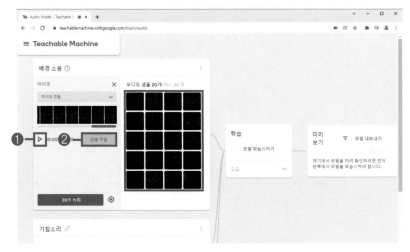

04 기침 소리 및 나머지 소리 녹음하기

① 14_기침소리판별기_시작.sb3 파일을 실행한 후 창을 그림과 같이 배치합니다. 여자 기침 소리를 녹음하기 위해 [기침소리] 클래스의 [마이크](🎤)를 클릭한 후 [2초 녹화] 버튼을 클릭합니다. 코딩스쿨 스크립트 창의 Cought1 끝까지 재생하기 블록을 클릭합니다.

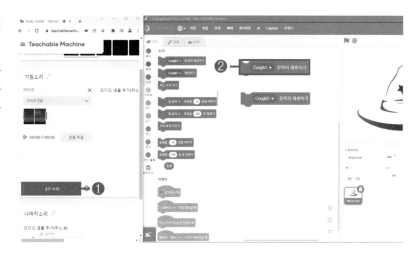

② ▷ 를 클릭하여 녹음된 여자 기침 소리를 들어본 후 문제가 없다면 [샘플 추출] 버튼을 클릭합니다.

> **더 알아보기**
>
> **창 정렬하기**
>
> 티처블머신이 실행된 창과 코딩스쿨 실행 창의 [이전크기](🗗)를 클릭하여 창 크기를 줄인 후 코딩스쿨 실행 창이 선택된 상태에서 ⊞ + ➡ 을 누릅니다. 오른쪽에 코딩스쿨 실행 창이 정렬되면 왼쪽에 표시되는 티처블 머신 실행된 창을 클릭합니다.

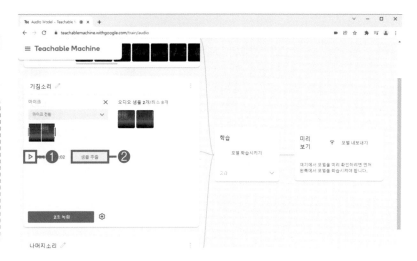

③ [2초 녹화] 버튼 클릭과 Cought1 끝까지 재생하기 블록 클릭을 반복하여 다시 녹음한 후 총 모델이 8개가 되도록 샘플을 추출합니다.

> **더 알아보기**
>
> 소리 파일은 마이크를 통해 직접 녹음하거나 컴퓨터에 저장되어 있는 녹음 파일을 업로드 할 수 있습니다. 여기서는 코딩스쿨의 Cough1, Cough2 소리가(기침 소리) 스피커로 재생되면 컴퓨터의 마이크로 녹음합니다.

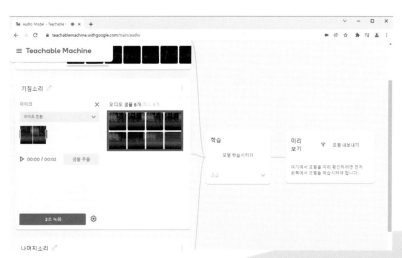

④ 남자 기침 소리를 녹음하기 위해 [2초 녹화] 버튼 클릭과 Cought2 끝까지 재생하기 블록을 클릭하여 남자 기침 소리를 녹음합니다. 녹음된 남자 기침 소리를 들어본 후 문제가 없다면 [샘플 추출] 버튼을 클릭합니다.

⑤ 남자 기침 소리도 8개가 되도록 추가 녹음한 후 샘플을 추출합니다.

> **더 알아보기**
>
> 한번 녹음하는데 걸리는 소요 시간을 더 길게 지정하고자 한다면 [녹화] 버튼 오른쪽에 표시되는 ⚙ (설정)버튼을 클릭합니다. [설정] 항목에서 [소요 시간] 값을 원하는 값으로 지정한 후 [설정 저장] 버튼을 클릭하면 변경된 시간 동안 녹음을 진행합니다.
>
> 설정
>
> 지연: 0 초
>
> 소요 시간: 2 초

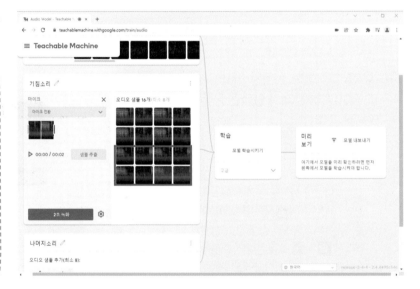

⑥ 기침 판별의 정확도를 높이기 위해선 기침 소리가 아닌 소리를 녹음해야 합니다. [나머지 소리] 클래스의 [마이크] (🎤)를 클릭한 후 [2초 녹화] 버튼을 클릭합니다. 주변 물건이 부딪히는 소리나 책 읽는 소리등의 샘플이 8개 이상 되도록 녹음 후 샘플을 추출합니다.

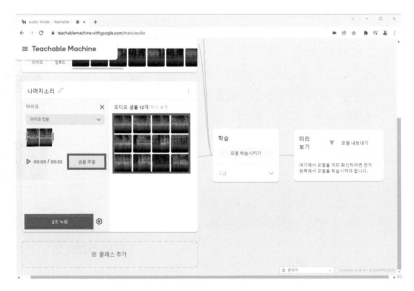

05 모델 학습시키기

① 소리가 모두 준비되었다면 학습을 위해 [모델 학습시키기] 버튼을 클릭합니다.

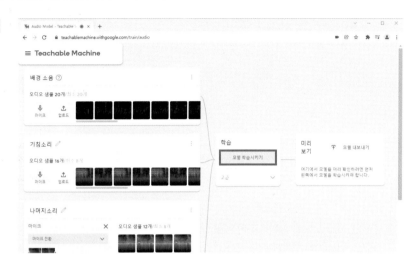

② [학습 중...]이 표시되면 학습이 완료될 때 까지 기다립니다.

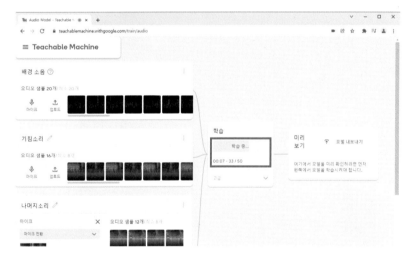

③ 모델 학습이 완료되어 미리보기 창이 표 시되면 코딩스쿨 프로그램 스크립트 창 의 Cought1 끝까지 재생하기 블록과 Cought2 끝까지 재생하기 블록을 클릭 하여 소리가 정확히 '기침소리'로 출력되 는지 확인합니다.

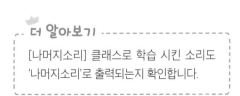

[나머지소리] 클래스로 학습 시킨 소리도 '나머지소리'로 출력되는지 확인합니다.

④ 학습한 모델을 업로드하고 주소를 복사하기 위해 [모델 내보내기] 버튼을 클릭합니다.

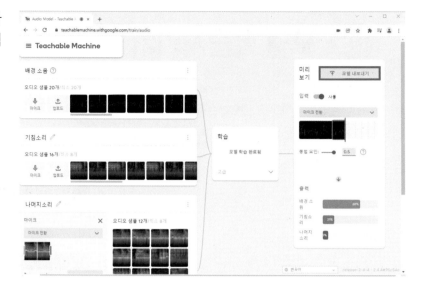

⑤ [모델 내보내기] 창이 표시되면 [모델 업로드] 버튼을 클릭한 후 잠시 기다립니다.

⑥ [모델 업로드] 버튼이 [클라우드 모델 업데이트]로 변경되면 [공유 가능한 링크] 항목의 [복사] 버튼을 클릭합니다. 복사가 완료되면 [복사] 버튼은 [복사됨]으로 변경됩니다.

> ### 더 알아보기
>
> 샘플 데이터를 업로드한 후에는 학습 과정을 거치고, 학습 모델이 완성되면 이를 프리뷰 모드로 활용하거나 파일로 내보낼 수 있습니다. 이렇게 만든 학습 모델의 URL을 구글 드라이브에 저장하거나 메모장에 미리 따로 저장해두는 것이 좋습니다.

06 학습 모델 가져오기

① [AI]-[소리학습(TM)] 메뉴를 클릭합니다. [소리학습] 카테고리가 추가되었는지 확인합니다.

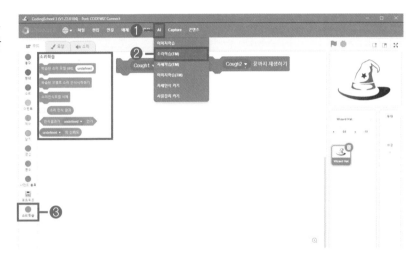

② 깃발을 클릭했을때 블록을 가져옵니다. 복사한 모델 URL을 이용하여 모델을 불러오기 위해 [소리학습] 카테고리의 학습된 소리 URL (undefined) 블록을 아래에 연결합니다. undefined 을 입력란을 클릭한 후 <Ctrl> + <V>를 눌러 붙여넣기 합니다.

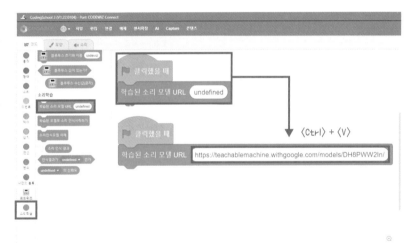

③ 학습한 모델을 불러오기 위해 무대의 [실행] (▶)을 클릭합니다. 무대에 '모델 준비중..'이 표시되면 '모델 준비완료.'가 표시될 때까지 잠시 기다립니다.

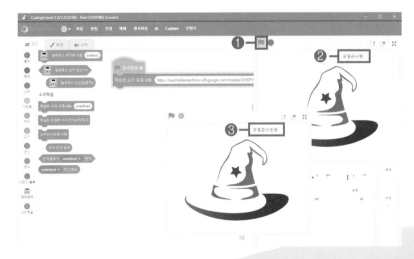

07 센서 초기화하고 소리 인식시키기

① RGB 초기화, 스피커 초기화 블록을 가져와 아래에 연결합니다. 마이크로 입력되는 소리 인식을 시작하도록 [소리학습] 카테고리의 학습된 모델로 소리 인식시작하기 블록을 아래에 연결합니다.

더 알아보기

소리 인식 결과 앞의 체크상자를 클릭하면 무대에서 소리 인식 결과를 바로 확인할 수 있습니다.

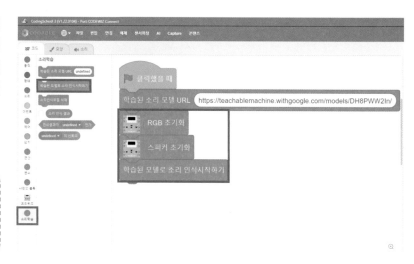

② 마이크로 입력된 소리가 기침소리인지를 판별하기 위해 무한 반복하기 블록을 가져와 아래에 연결합니다. 만약 ~(이)라면 블록을 무한 반복하기 블록 안에 삽입합니다. 인식결과가 undefined▼인가 블록을 삽입한 후 ▼을 눌러 '기침소리'를 선택합니다.

더 알아보기

인식 결과의 신뢰도(정확도)를 알려주는 기침소리 ▼ 의신뢰도 블록을 활용하여 인식결과가 기침소리 ▼ 인가 대신 기침소리 ▼ 의신뢰도 > 70 와 같이 판단 블록을 삽입해도 됩니다.

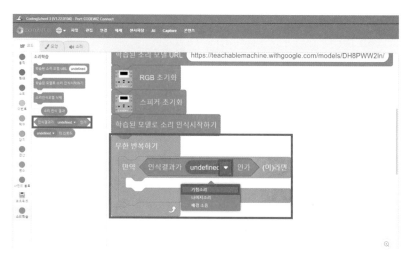

③ 네오 RGB LED가 깜박거리고 "삐봉" 소리가 출력되도록 RGB ●로 모두 켜기, 스피커 C▼음 4▼ 옥타브를 4▼분음표로 연주하기, RGB 모두 끄기, 스피커 C▼음 4▼ 옥타브를 4▼분음표로 연주하기 블록을 삽입한 후 ▼을 눌러 'G'를 선택합니다. 무대의 [실행] (🏳) 을 클릭한 후 기침소리를 구분하는 지 확인해봅니다.

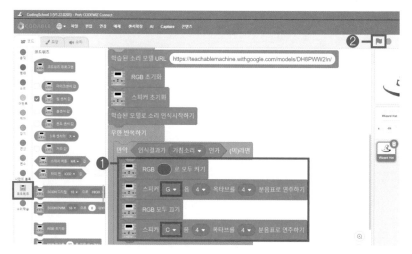

162

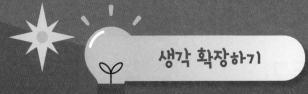

마이크에 인식되는 소리가 기침 소리인지 아닌지를 판단하여 기침 소리인 경우 네오 RGB LED와 스피커를 이용하여 알려주는 코드를 작성해 보았습니다. 좀 더 정확한 결과가 나오도록 하려면 어떻게 해야 할까요?

좀 더 정확도를 올리려면 어떻게 해야 할까요?

기침 소리가 아닌 경우에는 네오 RGB LED가 초록색으로 켜지도록 하려면 어떻게 해야 할까요?

직접 구현해보기

결과의 정확도를 높이려면 많은 양의 기침 소리와 나머지 소리를 학습시켜야 합니다. 인식 결과가 '배경소음' 또는 '나머지소리'일 때 네오 RGB LED를 초록색으로 켜려면 만약 ~ 라면 아니면 블록을 활용하면 됩니다.

▶ 시작파일 : 15장_기침소리판별기.sb3
▶ 완성파일 : 15장_기침소리판별기_생각더하기.sb3

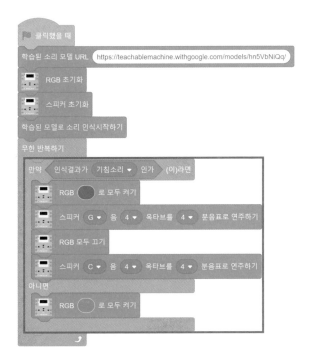

16 인공지능 신호등 만들기

코드위즈의 Mesh 네트워크를 사용하면 하나의 코드위즈로 다른 코드위즈를 원격으로 제어할 수 있습니다. 사물을 감지하는 인공지능 기능과 원거리 코드위즈를 제어할 수 있는 Mesh 네트워크 기능을 활용하면 간단히 인공지능 신호등을 구현할 수 있습니다.

무얼 배울까요?

- Mesh 네트워크를 이해할 수 있어요.

- 인공지능의 사물감지를 이해하고 활용할 수 있어요.

- 원거리 코드위즈에 Mesh 메시지를 보내 인공지능 신호등을 구현할 수 있어요.

▶ 시작파일 : 16장_인공지능신호등_시작.sb3 ▶ 완성파일 : 16장_인공지능신호등.sb3

먼저 실행해봤어요

사람이 카메라에 감지되지 않으면 코딩스쿨 무대의 [자동차] 스프라이트가 출발하며 신호등 코드위즈에는 "속도 : 30 Km"라는 메시지와 네오 RGB LED가 녹색으로 켜집니다. 만약 사람이 감지되면 [자동차] 스프라이트가 멈추고 신호등 코드위즈에는 "멈춤" 메시지와 빨간색으로 네오 RGB LED가 켜집니다.

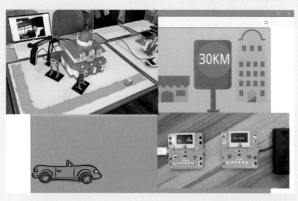

코딩 개념 순서도

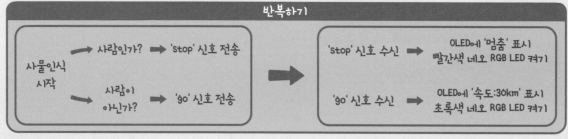

횡단보도를 건널 때 장애인이나 몸이 불편한 노인과 같은 교통 약자들은 갑자기 뛸 수가 없기 때문에, 신호가 바뀌면 곤란한 상황에 처하게 됩니다. 학교 앞 스쿨존(어린이 보호구역) 교차로에서도 많은 사고가 발생하고 있는데 이처럼 보행자의 안전을 지키면서 운전자에게도 도움을 줄 수 있는 방법들을 생각해 봅니다. 인공지능과 결합한 똑똑한 스마트 신호등이 생긴다면 우리에게 어떤 도움을 줄 수 있을까요?

발명의 원리 '셀프서비스(Self Service)' 에 대해 알아보아요.

셀프서비스는 스스로 기능하게 만드는 것으로, 사람이 접근하면 저절로 열리는 자동문처럼 시스템 스스로 유지, 보수, 보충할 수 있는 기능을 수행할 수 있는 원리입니다. 셀프 주유소, 자동 점멸 가로등, 자동 주차시스템, 무인 택배 서비스 등 스스로 원하는 기능을 작동하게 하는 것들도 셀프서비스의 원리로 설명할 수 있습니다.

우리 주변에서 셀프서비스가 적용된 원리를 찾아 적어봅니다.

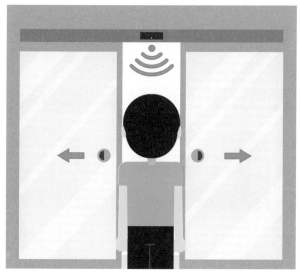

▲ 자동문

♀️ 여러분의 생각을 적거나 그려주세요

01 사물감지 켜고 신호등 상태 바꾸기

① [신호등] 스프라이트를 클릭합니다. 사물 감지를 켜기 위해 [AI]-[사물감지 켜기] 메뉴를 클릭합니다. 로딩창이 표시되면 잠시 기다립니다.

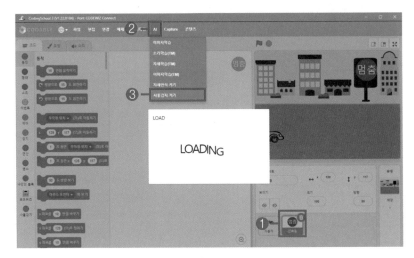

② [사물감지] 카테고리가 추가된 것을 확 인합니다. 사물감지를 위해 카메라를 켜 기 위해 [이벤트] 카테고리의 깃발을 클 릭했을때 블록을 가져옵니다. [사물감지] 카테고리의 사물감지 화면 켜기▼ 블록을 아래에 연결합니다. ▼을 클릭하여 카메 라를 선택합니다.

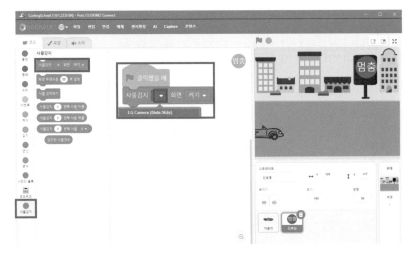

③ 카메라의 투명도를 지정하기 위해 프로 그램을 화면 투명도를 50로 설정 블록을 가져와 아래에 연결합니다. 처음 실행할 때 신호등의 모양을 '출발'로 지정하기 위 해 [형태] 카테고리의 모양을 출발▼(으) 로 바꾸기 블록을 가져와 연결합니다.

🌟 더 알아보기

프로그램을 실행했을 때 무대의 배경이 보 이지 않도록 지정하려면 화면 투명도를 '0' 으로 지정하면 됩니다.

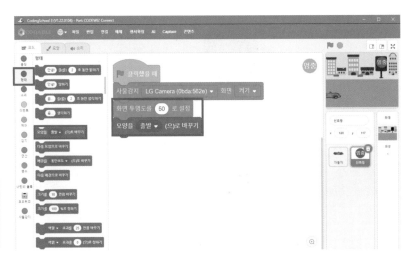

02 인식된 사물에 따라 신호등 변경하기

❶ 카메라로 사물을 감지하기 위해 [제어] 카테고리의 무한 반복하기 블록을 가져와 연결합니다. [사물감지] 카테고리의 사물 감지하기 블록을 가져와 무한 반복하기 블록 안에 삽입합니다.

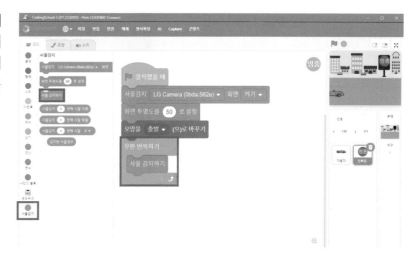

❷ 카메라를 통해 인식된 사물이 사람인지 판단하기 위해 만약 ~ (이)라면 아니면 블록을 아래에 연결합니다. [연산] 카테고리의 ( )=50 블록을 가져와 넣어줍니다. [사물감지] 카테고리의 사물감지 1번째 사물 이름 블록을 가져와 왼쪽 값에 끼워 넣고 오른쪽 값에 '사람'을 입력합니다.

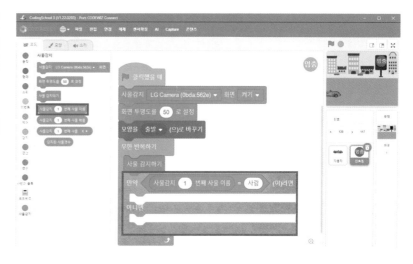

❸ 사람이 인식되면 '멈춤', 사람이 인식되지 않으면 '출발'이 표시되도록 지정하기 위해 (이)라면 블록 내부에 모양을 출발▼(으)로 바꾸기 블록을 가져와 연결한 후 ▼을 눌러 '멈춤'을 선택합니다. 아니면 블록 내부에 모양을 출발▼(으)로 바꾸기 블록을 가져와 연결합니다.

① [Mesh 네트워크] 블록을 가져오기 위해 [센서확장] 메뉴를 클릭합니다. [코드위즈] 탭을 클릭한 후 [네트워크] 항목을 선택합니다. [Mesh 네트워크]를 선택한 후 [불러오기] 버튼을 클릭합니다.

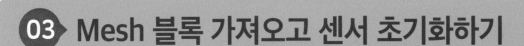

② [Mesh 네트워크] 카테고리가 추가되었는지 확인합니다. 센서를 초기화하기 위해 [자동차] 스프라이를 선택합니다. [이벤트] 카테고리의 깃발을 클릭했을때 블록을 가져옵니다. [코드위즈] 카테고리의 스피커 초기화 블록을 가져와 아래에 연결합니다.

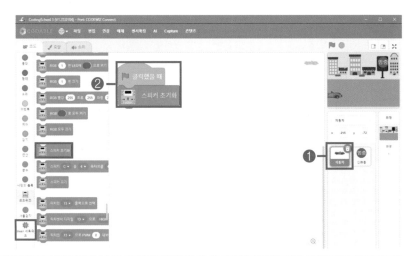

🚩 **더 알아보기**

코드위즈의 Mesh 네트워크 살펴보기

Mesh 네트워크는 여러 대의 코드위즈를 하나의 네트워크로 묶어 서로 메시지(신호)를 주고 받으며 원거리의 코드위즈를 제어할 수 있도록 제공되는 기술입니다.

블록	설명
Mesh 네트워크 NetworkName 생성/참여	Mesh 네트워크를 생성하거나 생성된 Mesh 네트워크에 참여합니다. 같은 네트워크로 묶고자 할때는 반드시 동일한 이름으로 이름을 지정해야합니다.
Mesh 네트워크에 메시지 Message 전송하기	생성된 Mesh 네트워크에 입력한 메시지(신호)를 전송합니다.
전송된 메시지 Message 를 받았는가	전송된 메시지가 저장되어 있는지를 판단합니다.
전송 메시지	전송된 메시지를 저장합니다.
숫자값으로 변환된 전송 메시지	숫자 값으로 변환된 전송 메시지를 저장합니다.
Mesh 네트워크에 연결되었는가	Mesh 네트워크에 연결되었는지를 판단합니다.
메시지 비우기	전송된 메시지를 지웁니다. 메시지를 전송받은 후 메시지 지우기를 하지 않으면 새로운 메시지를 전송받기 전까지 이전 메시지를 기억합니다.

04 Mesh 네트워크 생성하고 연결 기다리기

① Mesh 네트워크를 생성하기 위해 [Mesh 네트워크] 카테고리의 Mesh 네트워크 NetworkName 생성/참여 블록을 가져와 아래에 연결합니다. 'sign1'을 입력합니다.

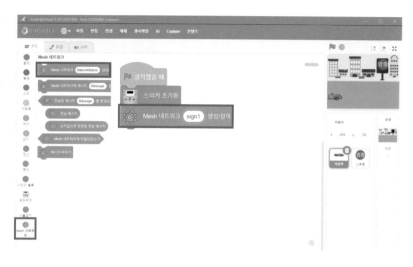

```
더 알아보기

Mesh 네트워크 이름은 영문자 또는 영문
자 숫자의 조합으로 지정하며, 영문자는 대
소문자를 구분합니다.
```

② Mesh 네트워크를 생성하거나 또는 참여할 때까지 기다리기 위해 [제어] 카테고리의 ~ 까지 기다리기 블록을 가져와 아래에 연결합니다. [Mesh 네트워크] 카테고리의 Mesh 네트워크에 연결되었는가? 블록을 가져와 삽입합니다.

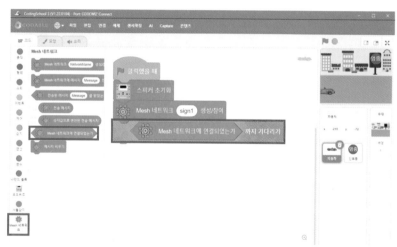

③ Mesh 네트워크를 생성 또는 연결되었음을 알려주기 위해 [코드위즈] 카테고리의 스피커 C▼을 4▼옥타브를 4▼분음표로 연주하기 블록을 아래에 연결합니다. 1초 기다리기 블록을 가져와 아래에 연결합니다.

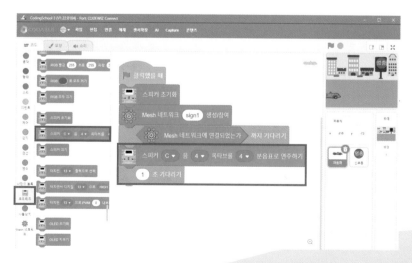

① 카메라로 감지된 사물이 사람인지 판단하기 위해 [제어] 카테고리의 무한 반복하기 블록과 만약 ~(이)라면 아니면 블록을 삽입합니다. ( )=50 블록을 가져와 넣어준 후 사물감지 1번째 사물 이름 블록을 가져와 왼쪽 값에 끼워 넣고 오른쪽 값에 '사람'을 입력합니다.

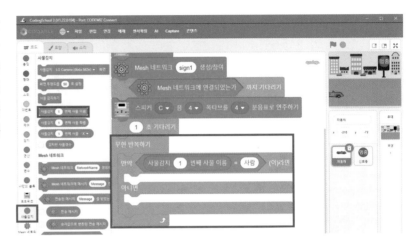

② 인식된 결과가 사람이라면 신호등에 stop 신호를 전송하고 신호음을 재생하기 위해 Mesh 네트워크에 메시지 Message 전송하기 블록을 (이)라면 내부에 넣고 'stop'을 입력합니다. 스피커 C▼을 4▼옥타브를 4▼분음표로 연주하기 블록을 연결하고 1초 기다리기 블록을 삽입합니다.

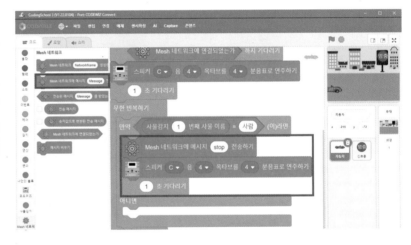

③ 사람이 감지되지 않았다면 신호등에 go 신호를 전송하기 위해 아니면 블록 내부에 Mesh 네트워크에 메시지 Message 전송하기 블록을 삽입하고 'go'를 입력합니다. [자동차] 스프라이트가 움직이도록 [동작] 카테고리의 10만큼 움직이기 블록과 벽에 닿으면 팅기기 블록 연결합니다.

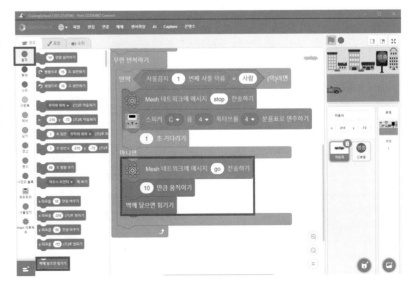

06 신호등 코드위즈 초기화 및 네트워크 생성하기

① 원거리에서 신호를 받아 표시할 코드를
작성하기 위해 [배경] 스프라이트를 선택
합니다. 코드위즈 프로그램 블록을 가져
옵니다. 센서를 초기화하기 위해 RGB 초
기화 블록과 OLED 초기화, OLED 지우
기 블록을 아래에 연결합니다.

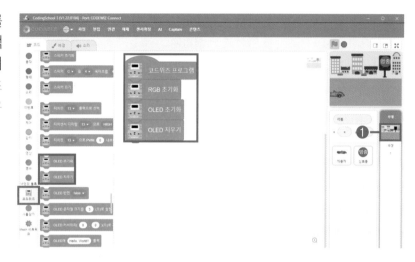

② [Mesh 네트워크] 카테고리의 Mesh 네트
워크 NetworkName 생성/참여 블록을
가져와 아래에 연결합니다. 'sign1'을 입
력합니다.

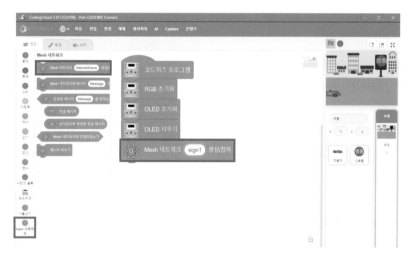

③ Mesh 네트워크를 생성하거나 또는 참여
할 때까지 기다리기 위해 ~ 까지 기다리
기 블록을 가져와 연결합니다. [Mesh 네
트워크] 카테고리의 Mesh 네트워크에
연결되었는가? 블록을 가져와 삽입합니
다.

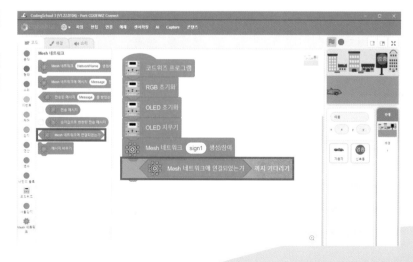

07 메시지에 따라 신호등 코드위즈 제어하기

① 전송된 메시지가 'stop'인지 판단하여 제어하기 무한 반복하기 블록을 연결합니다. 만약 ~(이)라면 아니면 블록을 무한 반복하기 블록 안에 삽입합니다.

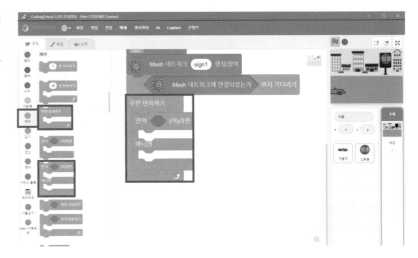

② [Mesh 네트워크] 카테고리의 전송된 메시지 Message를 받았는가? 블록을 (이)라면 블록에 삽입합니다. 'stop'을 입력합니다.

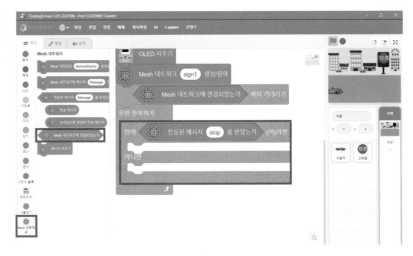

③ 전송된 메시지가 'stop'이라면 '멈춤' 메시지를 표시하기 위해 OLED 지우기 블록, OLED 커서위치 (0,0) (으)로 지정 블록, OLED에 한글 포함 (코드위즈 Magic!!) 출력, 줄바꿈O▼ 블록을 가져와 연결합니다. '45', '30' 그리고 '멈춤'을 입력합니다.

④ 네오 RGB LED를 빨간색으로 켠 후 끄고 전송된 메시지를 지우기 위해 RGB ●로 모두 켜기 블록을 가져와 연결합니다. 1초 기다리기 블록을 삽입하고 RGB 모두 끄기 블록과 [Mesh 네트워크] 카테고리의 메시지 비우기 블록을 가져와 연결합니다.

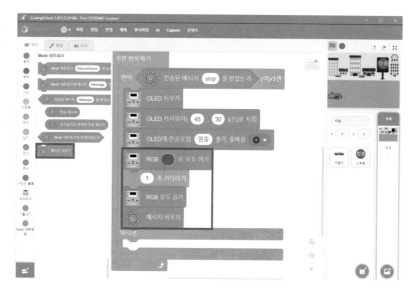

⑤ 전송된 메시지가 'go' 인지 판단하기 위해 만약 ~(이)라면 블록을 삽입합니다. 전송된 메시지 Message를 받았는가? 블록을 삽입한 후 'go'를 입력합니다. '속도 : 30 Km' 메시지와 초록색 네오 RGB LED를 켜기 위해 OLED 지우기 블록에서 마우스 오른쪽 버튼을 누른 후 [복사하기] 메뉴를 클릭합니다.

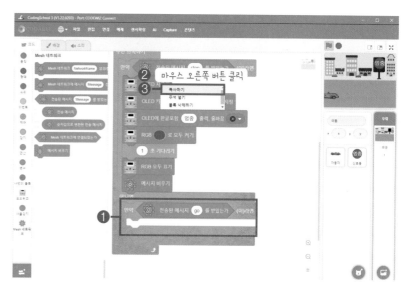

⑥ 복사된 블록을 (이)라면 블록 내부에 삽입합니다. 커서의 위치를 '10', '30'로 지정하고 '속도 : 30 Km'을 입력합니다. ●을 클릭하여 ●을 선택합니다.

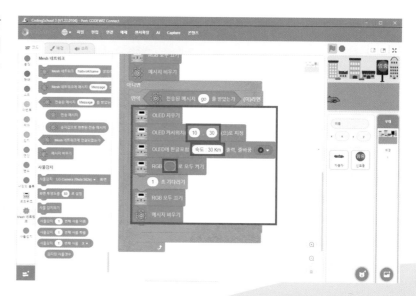

❶ [무대]의 코드를 업로드 하기 위해 [편집]-[스케치모드 켜기] 메뉴를 클릭합니다. 코드가 변환되면 [업로드] 버튼을 클릭합니다.

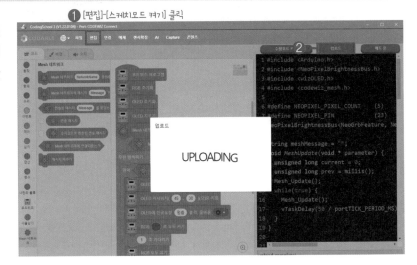

① [편집]-[스케치모드 켜기] 클릭

❷ 코드 업로드가 완료되면 코드위즈 보드에서 USB 케이블을 분리하고 건전지를 연결합니다. [편집]-[스케치모드 끄기] 메뉴를 클릭합니다.

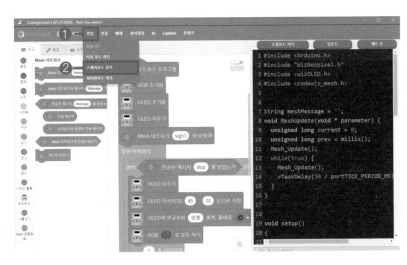

> 더 알아보기
>
> 학교 앞 골목길이나 교차로에서 쓰일 수 있는 인공지능 신호등이므로 건전지가 연결된 신호등 코드위즈를 직접 들고 조금 떨어진 위치에서 코드를 실행해 봅니다.

❸ 새로운 코드위즈를 코딩스쿨 프로그램과 연결합니다. [무대]의 실행(🏳)을 클릭합니다. 무대에 카메라가 켜지며, 카메라에 사람이 인식되면 건전지가 연결된 신호등 코드위즈에 '멈춤' 메시지와 빨간색 네오 RGB LED가 켜집니다. 사람이 인식되지 않으면 '속도 : 30 Km' 메시지와 초록색 RGB LED가 켜집니다.

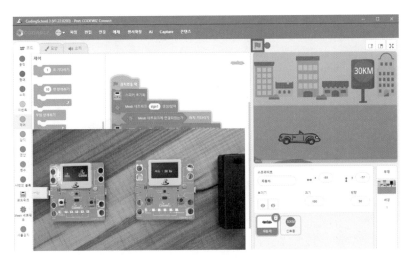

인공지능의 사물감지와 Mesh 네트워크 기능을 활용하여 카메라에 사람이 인식되면 원거리에 떨어져 있는 신호등 코드위즈에 'stop' 신호를 보내고 그렇지 않으면 'go' 신호를 보내 신호등 코드위즈를 제어해보았습니다. 카메라에 자동차가 인식되면 어떻게 해야할까요?

> 사람뿐만 아니라 자동차가 카메라에 인식되었을 때도 신호등이 작동하려면 코드를 어떻게 수정해야할까요?

직접 구현해보기

카메라에 사람과 자동차가 인식되면 'stop' 신호를 보내야하므로 [연산] 카테고리의 ( ) 또는 ( ) 블록을 활용하여 조건을 지정하면 됩니다. [자동차] 스프라이트와 [신호등] 스프라이트의 코드를 수정해봅니다.
(자동차를 인식시킬 때 인식이 잘 안된다면 배경이 없는 자동차 이미지를 활용해보세요.)

▶ 시작파일 : 16장_인공지능신호등.sb3
▶ 완성파일 : 16장_인공시능신호등_생각더하기.sb3

▲ [자동차] 스프라이트

▲ [신호등] 스프라이트

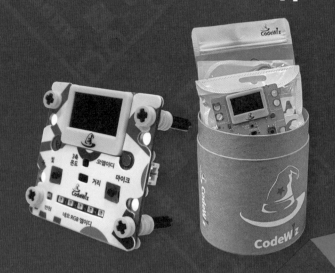
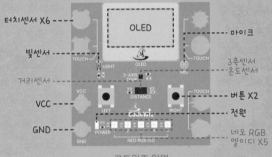
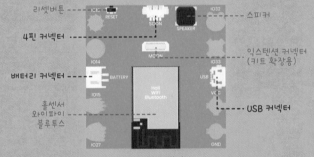

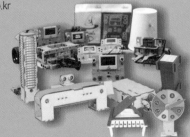

코드위즈 제품 소개

코드위즈로 이 모든 걸 만들 수 있어요!
간단한 AI 메이킹부터 AI 축구배틀, 탑승형 자율주행 전기차까지!!

코드위즈 스타터킷

- 인공지능과 초간단 메이커를 위한 키트
- 코드위즈 베이직킷에 4가지 센서 포함
- 소리 무드등 스팀킷 포함
- 배터리와 배터리홀더와 다양한 케이블 포함

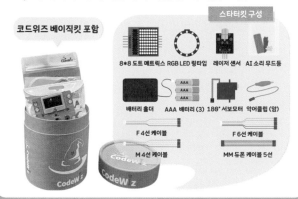

AI 9종 메이킹킷

- 코드위즈를 활용한 9가지 AI 메이킹킷
- 인공지능과 다양한 센서를 융합하여 재밌는 작품을 만들어보세요.
- AI 9종 메이킹킷은 인공지능을 사용하지 않고 STEAM으로 활용 가능

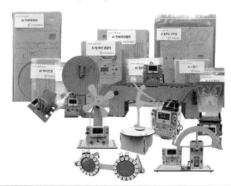

위즈고를 이겨라 풀셋트

- 내가 만든 인공지능 자율축구 알고리즘으로 대결하는 AI 축구 배틀
- Youth Meta Challenge 대회용
- AI축구 배틀은 직접 조종과 자율주행 미션까지!
- 8X코드위즈 베이직킷, 4X위즈카, 4X허스키렌즈프로, 축구장, 축구장용 맵보드, 4X자율주행 맵보드, 2X축구공

코드위즈 위즈오토

- 코드위즈로 만든 자율주행 전기차
- 직접 조종모드, 자율주행 모드, 스마트폰 조종의 세 가지 조종 모드 지원
- 스크래치로 코딩하여 완성하는 나만의 자율주행 전기차
- 조립부터 코딩 완성까지 함께 체험해보세요.

더올메이커(www.theallmaker.com)에서 더 많은 코드위즈 킷트들을 만나실 수 있어요.

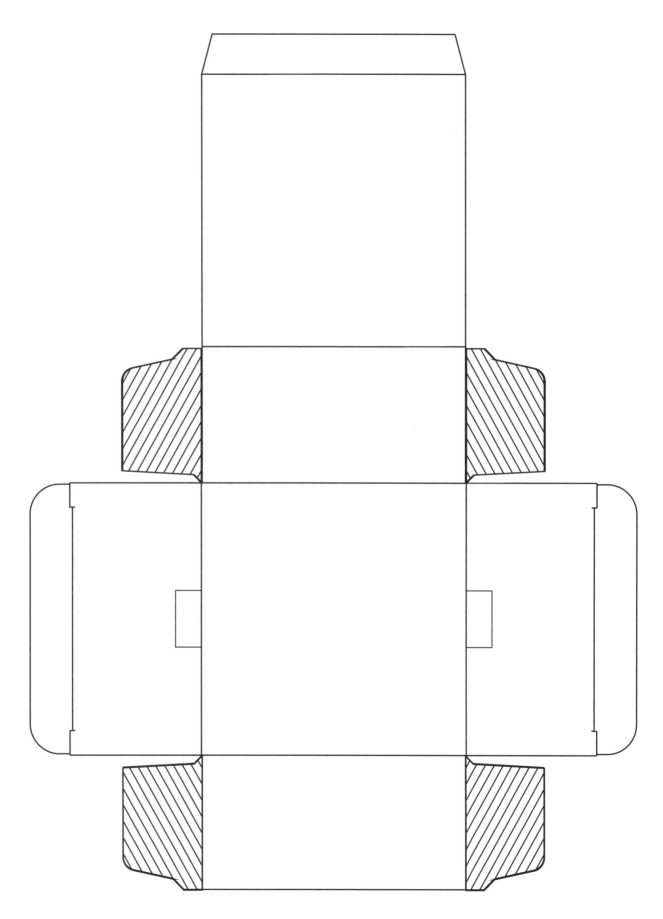

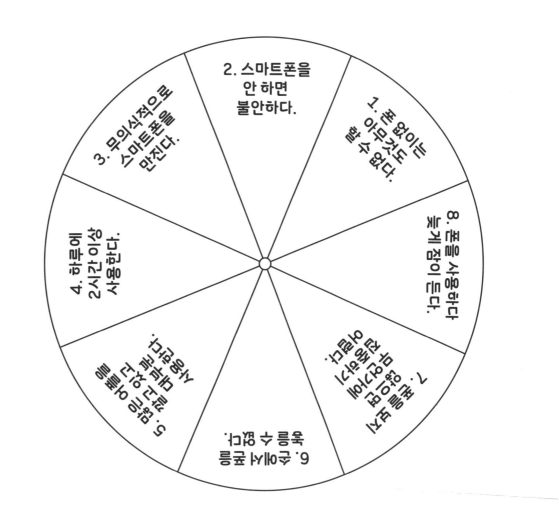

1. 폰 없이는 아무것도 할 수 없다.

2. 스마트폰을 안 하면 불안하다.

3. 무의식적으로 스마트폰을 만진다.

4. 하루에 2시간 이상 사용한다.

5. 없으면 이유 없이 더 찾고 많이 사용한다.

6. 눈에서 폰을 놓을 수 없다.

7. 폰을 안 하기로 마음 먹기 힘들다.

8. 폰을 사용하다 늦게 잠이 든다.